希望としての憲法

小田中聰樹

花伝社

希望としての憲法◈目　次

I　希望としての憲法

人間を守る憲法――過去のこえ、現在のこえ、未来のこえ――

二〇〇四年五月二一日、東京ウィメンズプラザ・ホールにおいて開かれた憲法記念集会「憲法とイラク派兵――戦争は真実を殺す――」(主催　新ガイドラインに反対し、平和憲法をまもる市民と団体の会、汚職に関係した候補に投票しない運動をすすめる会)における記念講演。

加速化する改憲の動き

私は、一九三五年、昭和一〇年に生まれました。そして、戦争のまっただ中、国民学校に入学いたしまして、四年生の時に敗戦。そして教科書に墨を塗ったり、それから『あたらしい憲法のはなし』という教科書で憲法を勉強しました。高校に行きますと、『民主主義』という教科書がありました。上下二冊あったのですが、それを勉強したりしながら、新しい日本の国というもの、憲法というものが、それまでとどんなに違う原理、違う考え方で組み立てられているかということを学んだのであります。しかし、そういう頭の面だけではなくて、実際の生活の面でも、私たちの身のまわりは大きく変わりました。国のために死ぬことが「生きがい」である、あるべきだという風に私たちは小学校の一年生の時から教えられ、四年近くそれをたたき込まれました。私たちの先輩は、まさにその通りに命を国にささげるといいますか、戦争で死んでいった人も多いのですが、私たちは、幸いにも戦後の新しい憲法のもとで、五〇年余の間、大切な人生を送ることができました。本当に幸せなことであったと思います。

ところが、この大切な憲法が、最近外堀をどんどん埋められて、ほとんど憲法だけがスッと立っている。しかし、憲法というものは、それだけでは日本の国家、社会というものの基本原理たりえないのでありまして、いろいろな法律やしくみが、それを支えなければ、憲法というものは、我々の生活の身近なものになってこないわけです。ところが、いろいろな形で憲法を支えてきた、支え木のようなものが、次から次へと壊されたり、あるいは、憲法とは全く違う構造物に作り変えられようとしている。今朝（二〇〇四年五月二一日）の新聞を見ても、有事立法七法案が衆議院を通過したという記事が載っており、憲法は今や非常に危ういところに来ているということをしみじみと実感させられます。

実は憲法自体についても、ご承知の通り、いよいよ改憲が具体的な政治プログラムになりつつあります。衆参両院の憲法調査会が、とりまとめの段階に入りつつあり、来年の今頃には、報告書を作るといわれています。よほどのことがない限りは、この政治プログラムは、進んでいくでありましょう。また、国民投票法が用意されつつありまして、今度の国会では出なかったのですが、次の国会には出る可能性、危険性があるのであります。

また、政党のレベルで見ましても、自民党は結党五〇年ということで、今の国会の動きに合わせるかのように、新憲法の草案を策定し始めております。党内のプロジェクトチームが論点整理素案をまとめて、やがてこれを叩き台にしながら、きちんとしたものを作っていき、自民党としての憲法草案を作ろうという動きになっています。この論点整理は、四月一七日の新聞報道で見ますと、憲法の前文にこれまでとは違ったいろいろなこと、例えば我が国の歴史、伝統、文化、国柄、健全な愛国心、アイデンティティといったものを盛り込んでいこう、あるいは、誤った平和主義、誤った人権意識への戒めの条文をも盛り込んでいこう、もちろん憲法九条の見直しもしよう、というのであります。

民主党もご存じのように、創憲、つまり憲法を創り出すという名の下に改憲の動きに乗るような動きを示しており、改正案をまとめようという発言を菅直人代表が一月の党大会でしています。おそらく代表が替わっても、そういう動きになっていくのではないだろうか。

公明党は、憲法に新しい条文を加える、加憲案作りを始めており、秋の大会までにはある種の見解をまとめていこうとしているようであります。そして自民党と公明党は、憲法の問題について一緒にいろんなことを協議していこうということで、改憲のための協議機関をつくろうという動きになっているようでありまして、参議院議員の選挙が終わりますと、その動きが本格化するといわれています。与党レベルでは憲法改正についての押せ押せムードは、参議院議員の選挙が終わりますと一気に加速化していくだろうと思われます。

『毎日新聞』の国会議員アンケートが明らかにしたところによりますと、改憲が七八％を占めるという数字になっています。これは、欠員等を除く七二二人中の五四五人から回答を得て、そのうちの七八%というのですから、全議員の七八%というわけではありませんけれども、驚くべき高い数字であります。ただ、これをよく見ますと、憲法九条そのものについての変更ということについては、わりあいにばらつきがあって、一項については七〇%が変えたくない、ただし二項では「戦力を保持しない」という今まであった条文を変えて、戦力つまり軍隊の保持を明記する、これが六割近くになっております。また、集団自衛権についても五五%がこれを認め、認めないが三五%、というのであります。また、『毎日新聞』によりますと、国会議員たちは一体憲法のどこを変えようとしているのかといえば、自衛隊の問題、これを変えたいというのが七一%、環境権を明記したいが六五%。国際貢献が五八%、地方分権が四八%、前文を変えたいというのが四七%、プライバシーなどを盛り込みたいというのが四二%というようになっておりまして、戦争放棄をめぐる九条と国際貢献というのが一つの柱であると同時に、他方においては環境権やプライバシーや情報公開といったものについても、国会議員たちが改正のターゲットを設定してきているということが、大体わかるのであります。

財界も、最近改憲について非常に積極的な発言を始めています。これまでは財界、とくにその総本山である経団連(日本経済団体連合会)という団体は憲法改正問題には、あまり発言しようとしてこなかったのですが、最近は積極的に、九条を変えるべきである、集団自衛権を認めるべきであると声高に言い始めています。また経済同友会という財界団体もまた非常に積極的な動きをしています。同友会の会員アンケートによりますと、これまた非常に高い数字が憲法九条については見られます。自衛隊を軍に組織変えするべきであるというのが八四％です。改憲については九一％、集団自衛権行使容認七七％、というような具合でありますから、経済同友会の動きは、八〜九割が九条改正に突っ走ろうとしていることがわかります。

改憲は国民の声ではない

では国民は一体どう考えているのでしょうか。今年の五月一日の『朝日新聞』の世論調査があります。「改憲賛成五割超す」という大きな見出しでしたので、ちょっと見る限りでは大きなショックを受ける紙面構成になっています。しかし、よく見てみますと、九条改正には六割が反対だ、というのです。

もっと詳しく見てみますと、「どんな国を目指したいか」という問に対しては、福祉、教育、文化、環境に力を入れて欲しい、そういう国家にして欲しいというのが多い。これは、人間としての当然の要求だと思うのですが、さらに「憲法は、平和と繁栄に役立ったか」という問に対して、「大いに役立った」と「ある程度役立った」とで七五％近いんですね。

そして、「憲法九条を変える方がいいのか、変えない方がいいのか」という問には、「変える方がいい」三一％、「変えない方がいい」六〇％なんですね。「知る権利とか、プライバシーとか、環境権などについて、憲法を改正して憲法に盛り込むことに賛成か、反対か」という問になりますと、四六％が憲法を変えてそういうものを入れたほうがよい、「憲法改正の必要はない」も同じ四六％であります。それから、「国民の義務を書き込めという意見があるがどうか」という問には、三八％、四割弱が「書き込め」と言うのに対して、「憲法にそんな義務を書き込む必要がない」というのが五四％なんですね。

そうして、ここのところからが私たちの力の及んでいないところではないかと思いますし、これからの努力の向けどころだと思うんですが、「憲法全体を見て改憲をする必要があるか」という問に対しては、五三％が賛成、必要ないが三五％です。ここのところで、憲法を一所懸命考え守ろうとしているグループとずれるんですね。一つひとつきちんと聞いていきますと「憲法を変えなくてもいい」という意見がむしろ多数なのです。ところが、環境とか、プライバシーとか、情報とか、そういったものと合わせて「全体としてどうか」となると「もう少し良い方向に持っていくために改憲に賛成」というのが国民の世論だという形になっていき、「改憲の必要はない」という意見が三五％という数字にとどまるのであります。

自衛隊についても『朝日新聞』の世論調査は非常に興味深いものをあらわしています。「自衛隊は合憲か違憲か」という問に対しては、合憲が五割を超えます。しかし、「増強すべき」というのは九％なのです。「現状でよい」というのが六四％、「縮小・全廃」というのが二一％になっています。しかも「海外で自衛隊が活動することについてはどうか」ということになりますと、「一切ノー」と「ＰＫＯ程度」とを加えて五七％ですから約六割です。「イラクの復興支援に自衛隊を使うこと」について賛成二五％、「必要なら武力行使も認める」は一三％にすぎないのです。ところが、またも私たちの力が及んでいないところじゃないかなと思ったのは、集団的自衛権について、「使えない」とするのが四四％に対し、「改憲して使う」というのが二八％、「解釈で使ってもよい」というのが二〇％という訳ですから、集団的自衛権については合計して四八％と、何らかの形でそれを使うことを認めるという方がやや強いという、そういう結果になっています。

この『朝日新聞』の世論調査についてどう分析するかは、憲法学や政治学の方々、あるいはそのほかの方々に待つとして、私が今日、話の前提として据えたいのは、国民意識の分布というものは、平たく言えば、かなりばらつきがあるようにみえるが、しかしただのばらつきではなくて、憲法というものを中心にして、非常に濃密な星雲状態をつくっているということです。

国民の憲法意識というものは、いや、星雲状態というより、むしろ憲法を中心にして太陽系のように動いている。このことに私は、あらためて戦後の日本社会に対し憲法が持ってきた底力を感じた次第です。ですから、私は、憲法改悪に対して反対し、憲法を守る私たちは決して少数派ではない、現実において少数派ではない、と改めて実感いたします。

人間を守る憲法

なぜ、そういう意識分布になるのか。これはやはりなんといっても、日本国憲法というものが、日本の国民の生命を守り、外国人の生命というものを傷つけずに国際的平和共存を推し進める大きな力になっている、という認識が共通にあるからではないか、と思う。何といっても、日本国憲法は人間を守ってきたのであります。そしてこれからも人間を守ると思います。

いまイラクに対して自衛隊が派遣され、危険な状態に陥れば、自衛隊員は、イラク住民に対して発砲する権限と武器が与えられています。つまり自衛隊は、正当防衛という名の下に、イラクの住民を自由に殺傷する権利を事実上与えられており、しかもアメリカの戦闘行為についても弾丸を運んだり、いろんな形でそれを支援する任務を負っています。ですから、日本の自衛隊は、イラク住民を殺傷し、自らも生命の危険を負い、さらには日本のひとびとを国の内外でイラク住民による武力抵抗の危険にさらしているのです。これは憲法に反する事態です。

しかし、それにもかかわらず、イラクの日本人人質事件を見ますと、日本国憲法というものが、アメリカやイギリスのイラク住民殺戮への自衛隊の積極的加担を押し止めているのみならず、日本の国民の生命をも守る力をまだ失っていないということを痛感するのであります。

ご承知のように、イラクで人質事件が発生いたしまして、人質になった人たちが救出されるかどうか、ということに国民の関心が集まりました。いたるところで人質解放にむけて活動が展開されました。私の住んでいる宮城県でもそのための市民集会が三〇〇〇人を集めて開かれたのであります。全国至る所でそうです。私は郡山に憲法記念日に行って講演しましたけれども、そこで聞いたところでは、駅前でろうそくをもって無事救出を求める集会がもたれるなど、創意工夫を凝らしながら、自衛隊撤兵の要求——これを表に出すか、秘めるか、いろんなやり方がありましたが、自衛隊派兵反対ということをベースとした人質救出活動が展開されたわけであります。私はこういう人質に対する救出活動の声がイラクの人たちにも届き、ついに人質解放となったと思います。

もともとイラクで人質になった人たちの活動は、イラクの子どもに救援の手をさしのべたり、劣化ウラン弾による被害の実態を調べ世界に訴えようとするなどの人道的活動でした。それは、憲法の精神に則った国際貢献なのです。自衛隊とはまったく違う角度からのものですけれども、とにかく憲法の精神に則って若い人たちがああいう活動をし、イラクの人たちと手をつなぎながら、イラクの平和の回復をめざしました。そういう平和的国際連帯の高い思想性を持った日本人の若者を救えという声が日本のいたるところで展開しました。それがイラクの人たちの心を動かし、ついに無事解放につながったのです。このことに私は改めて日本国憲法というものが若い人たちに対して持っている大きなエネルギーを感じますとともに、日本国憲法こそ人質となった日本の国民を守ったのであり、イラクの人たちに憲法の心が通じたのだと考えます。

ところが、このような動きを押しつぶすかのように、おぞましい自己責任論なるものが、政府関係者から次々に打ち出されたことは記憶に新しいところであります。人質になった人は、政府の勧告を無視して危険な場所に行ったのだから、生命の危険に陥ったからといって、その責任は政府に押しつけるべきではなくて自分たちで負うべきだ、という自己責任論であります。この議論は、実は「国に逆らいながら国に救いを求めるのは何事か」ということに基本があるんですね。

そうして反日分子というレッテルすら貼ろうとする。そこにあるのは、要するに政府の方針に反して報道したり、あるいは、子どもたちを救おうとするのは余計なことだけでなく、国にそむくものだと言わんばかりの考え方であり、反日分子、昔流に言えばまさに「非国民」であると言わんばかりの考え方です。そういう考え方が、自己責任論の奥底にはあるのであります。

このことは、私は残念なことと思いますけれども、そういう議論がいかにいろんなレベルで流布され、もっともらしい形をとってバッシングに使用されたかということをここで改めて確認しておきたいと思います。

自己責任論は棄民思想

当時発表されたものの中に、元国連事務次長の明石康さんが、四月二三日付けの『朝日新聞』でイラクの人質問題について述べた、ちょっと長めのものがあります。その中で明石さんはこう述べているんですね。海外で活動する個人が事件に巻き込まれた場合――この「事件に巻き込まれた場合」という言い方そのものが、イラクに自衛隊を派兵し日本人を危険な状態に置いていることについての日本政府の責任をすっかり始めから抜かしているんですね。ここにレトリックの一つがあるんですが、これには目をつぶるとして――、欧米では最初から政府にお願いする形をとるのは、一般的ではない。市民社会が前面に出て救出活動をする。しかし、日本では残念ながら市民社会が十分に成長していない。結局家族が政府に寄りかからざるをえない。政府とは異なる目的で活動しているはずの個人が、危機状況では政府に頼るという日本的構造が残っている。これは、近代的とは言えないのではないか。明石さんは、こういう言い方をしています。

これは、全くすりかえの、逆立ちした論理であります。まず、自衛隊をイラクに派兵したために、人質問題が発生しており、人質問題の発生に政府はまさに原因をつくっているということが、すっぽり抜けています。また市民が立ち上がって救出活動を展開したことを無視しています。しかも、政府と異なる目的で活動した国民が外国で危難にあったときに、政府は救出する責任がないということが近代国家のあり方だといわんばかりの理屈をいうに至っては、全く逆立ちの理屈なんですね。逆に国家は危難の原因を取り除き、国民の生命を守るため、憲法上持っている手段を理性的に行使すべき責務を憲法上負っているのです。この自明の理を押し隠し、逆立ちの理屈を言い立てる、こういう言い方が、有名な人によってなされ、そして、これに便乗する人が政界やマスコミに続々出ているのであります。けれども、私がここで確認したいのはいわゆる自己責任論なるものが、どういう実体を持っているかということであります。

あらためて言いますと、これは、政府のやり方に従わない者、あるいは、その方針にそむく者は、保護を要求する権利はない、国家はその生命・身体を保護する必要がない、ということなのです。これは、「棄民」の思想の一種であると思います。民を異端視し切り捨てるのであります。

ところが、よく考えてみますと、私たちの知らない間に、このような考え方は、私たちの社会に満ち満ちているのではないか。たとえば、一九九〇年代からいろんな分野でいわゆる規制緩和の名の下に競争至上主義が展開されてきました。これは弱い者は切り捨ててかまわない、という考え方です。弱肉強食です。食われたくなかったら、社会からドロップアウトしたくなかったら、強者になるしかない。強者になる道は自由に開かれているのだから、自由競争で強者になりなさい。しかし、市場で自由競争に敗れた者は、切り捨てられてもやむをえない、というのでありす。しかもこの考え方の恐ろしさは、利潤、能率一辺倒の選別基準を強引に作り上げ、選別することにより、弱者と強者とを人工的に作り出し、弱者を異端者化し、排除しようとすることです。この論理に基づく政策は経済、社会の分野から始まりましたが、これが国家的なレベル、国際的なレベルで展開されますと、先ほど申したような「棄民」の論理にもなっていくのだと私は考えます。

しかし、こういう考え方は、憲法と真正面から対立するものだ、と思いますが、この点は後で述べることとして、私がここで確認したいのは、こういう自己責任バッシングがあったにもかかわらず、日本の社会は、全体としてはこれを批判し、きちんとした対応をしたということです。また人質になった今井紀明さんにせよ、郡山総一郎さんにせよ、解放されて帰国してからの記者会見で、自己責任論について、きっぱりと自分の考え方を述べています。例えば、郡山さんは、「自己責任という言葉が飛び交っていますが、僕らジャーナリストは危険だからこそ、現場に立って伝えるべきことがあるのではないか。信念を持ってリスクを持って行動している。だから、自己責任論はちょっと僕らに当てはまる言葉ではない」(五月一日付け『毎日新聞』)ということを堂々と述べております。今井さんという高校を卒業されたばかりの若い方も、「自己責任というのは、自分にとって責任が生じたことは、今回の経験を日本の人びとに伝える。つまりイラク戦争の現実を伝えることだと思っている」(同上)と述べています。こういう考え方を持つ立派な青年を日本の戦後社会は育てあげたんですね。私たちは、こういう立派な若者を育てあげてきたことに強い自信を持たなければなりません。

有事立法は国民を守らない

私が「棄民」の論理と呼んだ考え方、つまり、国民の人権とか権利とか、人間的存在それ自体も、国家のためには無視し切り捨ててかまわない、そういう「棄民」の思想と論理というものが、実は、有事立法と呼ばれる法律の中にも、誠に見事なほど露骨な形で、貫かれているということに注意を払っておきたいのであります。冒頭にも申しましたように、有事七法案と言われているものが衆議院を通過し、多少の修正を経て通過し、参議院に行きます。参議院では衆議院よりは突っこんだ議論がなされるんだろうと少しは期待しておりますけれども、それはともかく、いよいよ有事立法が、体系的完成に近づき、憲法だけがぽつんと残っているという感を深くします。

武力攻撃事態法を中心として昨年六月に成立した有事立法——これは武力攻撃事態法と安全保障会議法と自衛隊改正法の三つが中心でしたが——、これに加えて今回は、有事七法案が国会に出されています。とても七つはすぐにはおぼえきれないのですが、主要なものは、国民保護法という名の国民動員法が一つ。もうひとつは、アメリカ軍が日本の国土を舞台にして戦争行動に入った場合に円滑にいくよう日本はこれを総支援をするという、米軍行動円滑化法であります。その他、自衛隊と米軍の活動をいろんな形でサポート、支援する態勢の整備に向けた法案や協定改定を含め、合計七つの法案が成立をみようとしているのであります。

有事立法というものについて、どう考えるか。有事というのは要するに「戦争が始まった時」ということであります。では、どこで戦争が始まったことを想定しているのかと言えば、日本の国土、あるいはその周辺だけではなくて、日本の安全に影響を与えると思われるような戦争がどこかで始まった時には、日本は戦争状態に突入し、国民動員なり米軍支援なりを展開する、というのが有事立法であります。

そもそも日本国憲法は、有事について、つまり戦争発生については、対応規定をおいておりません。これは、別に憲法がうっかりして規定をおかなかった、ということではありません。憲法九条の下で日本国は有事が起きないように全力を挙げて努力する、国際的な信義にのっとって国際協調を基本にしながら、有事にならないように全力をつくすということ、これが一つです。また仮に有事になったときには、武力でこれに対処するという道をとらないということも、九条によって明らかにしてきたのであります。

ところが、今回の有事立法は、テロとか北朝鮮の行動などをいわば口実に使いながら、日本にどこかの国が攻めこんできて、日本の国土や領海において戦争を展開するという事態を想定しています。しかも、現実にそういう事態が生じたときだけではなく、そういう事態の発生が予測される場合も戦争状態が生じた場合と同じく、あらゆる国家機能をそれへの対応に集中していく。例えば、民主主義的なシステムというものも一時停止・制限したり、あるいは国民の人権も停止・制限する――例えば、戦争のために、ある土地が必要だとなれば、強制的に収容する。あるいは、家なども強制的に収容する。もしも、それに抵抗すれば刑罰を科する。そういうしくみになっているのであります。

特に国民保護法というものは、名前は保護法なのですが、実は協力を求めるという形で国民をがんじがらめにし、最終的には刑罰でもって戦争協力に駆り立てる、というものであります。国民保護法は、国民には協力を求めるんだということを規定の上でも説明の上でも繰り返し繰り返し盛り込んでおりますけれども、しかし、実際には、国民を事実上協力せざるをえないところに追い込んでいく、有形・無形の強制のシステムが今回の法案に用意されているのであります。そして、また協力の単位としては、いろいろな単位が利用されます。例えば、メディアではNHKや民間放送局から始まり、末端の住民のところでは町内会的な組織にいたるまで、あらゆる組織が戦争協力に向けて動員されていく。これに従わない者は、反日分子、非国民という形で組織から排除されていく。そして最終的には刑罰で取り締まっていく。そういうしくみであります。

こういう国民保護法を含め、有事立法というものは、「国のために、国民は汗を流せ、血を流せ」の法案なんですね。そしてそれに多少でも不服従的、反抗的な行動をとる者は、異端分子として国家や社会から抑圧・排除される立場に立たせられるのであります。

しかも恐ろしいことには、この有事立法というものは、戦争になってから発動される法律じゃないことです。平時の状態でも、有事になることを想定した社会なり国家のしくみを作り上げていく法律なのです。「平時の有事化」なのです。いや「有事の平時化」と言っていいかもしれません。つまりいつでも生活の裏側や隣には、有事あるいは戦争というものが控えている。つまり戦争のために日常生活が常に制限されたり、統制を受けたりすることになるわけです。このことは太平洋戦争前夜のことを考えてみれば、すぐにわかることですが、若い人たちにもこのことを是非わかってほしいと思います。有事立法というのは、有事のときだけ私たちの生活に関係してくる法律ではなくて、有事ではない普通の状態、戦争が何もない状態でも、いつ戦争になってもうまくいくように、いつでも国民を監視し、いつでも放送局や新聞を監視し、統制するのです。

私たち年輩の者は多少とも苦い経験がありますから、そういうことを一言言われれば、「ああ、そうだ」とすぐにわかるのですけれども、その経験を持たない若い人たちの場合には、ともすれば有事と平時とを切り離し、しかも、戦争するのは他の人、自分は別だというふうに考えがちだと思います。しかし、実はそうではなく、軍事の論理は平時からどこにでも入り込んでいく。そして、一旦有事になると、無差別的に国民を戦争協力へ駆り立てる。そういう恐ろしい仕組みなのです。しかもそれは、国民に対して犠牲を強いることはあっても、国民を守ることはほとんどないのです。そういうことをあらためてここで確認したいと思います。

『世界』という雑誌の昨年（二〇〇三年）の六月号に大田昌秀先生の「軍隊は国民を守らない」というインタビュー記事がのっています。その中で大田先生は、沖縄戦における体験に即しながら、決して軍隊、つまり国家というものは国民を守らない。それどころか国民を見捨てていく。これが軍隊の論理、戦争国家の論理なのだ。戦争というものは、軍隊によって、国民の生命、身体、財産などを踏みつぶして、遂行されていく。このことを沖縄の経験に即してリアルに話しておられます。私はこの体験こそ戦争、軍隊、国家の真実の姿を語るものとして、若い人に広く伝える必要があるだろう、と考えます。

国民のための国家か、国家のための国民か

いまいろいろなところから、憲法改正構想が出ています。まず自民党ですが、論点整理素案の形で出ており、これはまだ体系的な法案になっておりません。ですから法律学的に検討することはできませんが、先ほども少し紹介したとおり、これまで日本国憲法にはなかった伝統とか、愛国心とか、誤った平和主義、誤った人権意識を戒めるという形での平和人権意識の抑え込みとかを打ち出し、その一方で新しい人権について配慮するという謳い文句を掲げています。

たしかに日本国憲法には、環境権、プライバシー、知る権利についての明文規定はありません。しかし、日本国憲法は非常に豊かで高い思想性、人間像、社会像、国家像を打ち出しておりますので、そういう具体的な規定がなくても、環境権、プライバシー、知る権利をはじめとする新し

い人権は、自然に解釈論で出てくるのです。ところが、自民党の論点整理素案によれば、一方では新しい権利を認めるなどと言っておきながら、他方において誤った平和主義、誤った人権意識を抑え込むというのですから、自民党の新しい人権論の狙いや正体がどんなものかはすぐに想像がつきます。憲法改正の世論を作り上げるため、形の上では新しい人権を認めるが、制限条項も同時に設けてこれまで判例で認められてきた線から後退させる、というのが自民党の新しい人権論の正体なのです。そこを、ごまかされてはいけない。

同じ傾向のものとして、『読売新聞』の改憲案があります。一九九四年の試案、二〇〇〇年の試案に続き、今年の五月三日に二〇〇四年試案が発表されました。この案の主なところをみますと、まず前文を全く変えています。例えば、日本国憲法は、前文の冒頭で、歴史をふまえ、「再び戦争の惨禍が起こることのないやうにする決意」、つまり不戦の誓いを表明していますが、これをまず削除しています。「平和のうちに生存する権利」も削っています。それから、平和を維持し、専制と隷従、圧迫と偏狭、恐怖と欠乏から我々は自由になって新しい国際社会をつくっていくんだという決意も、すっぱり削除しています。要するに、日本国憲法がどういう歴史的体験と決意に基づいてつくられたのかという部分は、全部カットしている。その上で、公務員の憲法尊重擁護義務もカットし、代わりに、国民は憲法を遵守する義務があると規定し、義務の主体を変えています。

それから前文で、個人の自律と相互協力の下に、「自由で活力ある公正な社会をめざす」として、社会像を打ち出しています。この「自由で活力ある公正な社会」というのは、言葉自体は一見きれいで美しいのですが、実は規制緩和のキーワードであり、「自由競争・弱肉強食の社会」のことを意味しているのです。その一方で、地球環境の保全とか自然との共生を入れるなどの粉飾をこらしています。

その上で、九条を変え、戦力不保持と交戦権の否認の条項を削り、軍隊の保持と集団自衛権を明記しています。また、国民は国の安全や公の秩序その他の公共の利益との調和を図り、濫用してはならない、としています。

要するに、『読売新聞』の憲法草案が打ち出しているものは、弱肉強食でせめぎ合っている社会像と、それの上にたつ武装国家像であり、平和とか権利などをあまり主張しない国民像なのです。

ですから、国家と国民との関係がひっくりかえっている訳ですね。日本国憲法の考え方は、前文を読んでみるとよくわかりますが、国民あっての国家なのです。国民あっての政府なのです。ところが、『読売新聞』のめざしている国家と国民のあり方は、国家あっての国民、国家のための国民、です。それを露骨に言うことは評判を悪くするので、いろんなものでカムフラージュしているというのが、その実体であります。それに比べますと日本国憲法は、本当に豊かな思想性を持っている、と私はつくづく思います。

平和、人権、民主、福祉の不可分性

私は、中学一年のとき『あたらしい憲法のはなし』で初めて憲法に接してから五〇年以上になるのですが、いま改めて憲法の条文、とくに前文を読んでみますと、本当に素晴らしい思想の体系を読み取ることができるのであります。これを読んで詳しく解説する時間的余裕は今ありませんが、その冒頭で「諸国民との協和による成果と我が国全土にわたつて自由のもたらす恵沢を確保し、政府の行為によつて再び戦争の惨禍が起ることのないやうにすることを決意し、ここに主権を国民に存することを宣言し、この憲法を確定する」と述べ、国民主権の意義を明確にしています。

『読売新聞』の試案でも、「主権は、国民に存する」、つまり国民は主権者であるとする規定が置かれています。しかし重要なのは、主権者というものは自由と平和についての人権を持つ主体でなければならないということです。この思想、この考え方をどこまで貫くかが重要なのです。「国民は主権を持つ」と言葉で宣言する一方で、その国民は国の安全や秩序を守るため、人権をあまり主張してはいけないというのでは、国民の主権者たる意味はなくなってしまう。主権者は人権を持たなければならない、人権を持つ主権者でなければならない。この考え方を貫いているところに日本国憲法の持っている素晴らしさがあるのです。そして日本国憲法によれば、国民は「平和のうちに生存する権利」を持つ人権主体です。ですから、その意味で、国家に、国民を戦争の惨禍におとしいれず、それから守る義務があるのは当然のことです。

このように平和、人権、民主主義、それから生活(福祉)、これらを人間の目できっちりとつかまえ、それらを不可分一体のものとして保障する国家像、社会像、そしてそういう国家・社会をめざす人間像を打ち出している点で、日本国憲法は世界に類のない思想的な高さを持っていると私は思う。こういう素晴らしい憲法であればこそ、私は二一世紀に伝えていきたいと考えます。

くり返しにもなりますが、日本国憲法は、前文のみならず、個々の条文にいたるまで、国民は単なる主権者という名前を持つノミナルな存在ではなくて、人権の主体、生活の主体、平和のうちに生存する権利を持つ主体、そういう主体であり、国家のあり方についての決定者である、という思想の構造的全体像を、見事に表現しています。だからこそ、そこで描いている人間像、社会像、国家像に立脚し、個々の条文を超えて、新しい権利を生み出していけるのです。だからこそ、現に情報公開とか、プライバシーとか、あるいは環境権などは、憲法に明文の条文がなくても、憲法を手掛かりとして社会的に確立・定着しているのであり、国民はそれを武器にして、日々必死に努力しているのです。そういう訳ですから、憲法を改正して新しい権利の条文を用意する必要はない。

それどころか、ここで警戒すべきなのは、新しい条文を『読売新聞』のように作ったとしても、逆に制限することになりかねないということです。それは、全体のコンセプト(考え方)が悪く、国家と個人との関係が逆転しているからです。そういう逆立ちした憲法において、そういう条文を置いても発展する訳がない。濫用してはならないという規定とワンセットになって、むしろ、新しい人権を抑えこむ武器として逆用される危険性さえあります。ですから、プライバシー、知る権利、環境権という新しい権利を憲法の中に盛り込む必要は全くない、それどころか有害だ、と私は思います。全体のコンセプトがきちんとしていれば、規定に盛り込むことはいい役割を果たすけれども、そうでなければ逆に国民の権利を抑え込む凶器になってしまうんですね。

国民投票法を阻止しよう

ここで国民投票法について述べてみたいと思います。

これまで述べてきたように、日本国憲法の思想的な豊かさ、高さという点からみて、憲法擁護こそ歴史的には正しいんだという確信が、日本の国民の中には、戦後五〇年以上の現実と経験に裏付けられ根付いています。護憲こそ国民の意思なのです。ところが、そうではないかのように、憲法はもう古い、護憲を言い立てているのは守旧派のみであると言わんばかりの、そういう世論操作や政治的な仕組みがいたるところで繰り広げられています。その操作や仕組みの典型的なものは小選挙区制です。たった三割ていどの得票しかない政党が作り出した政府が、国民の意思を代表しているかのように、憲法を踏みにじる政策を次々に実施できるのは、小選挙区制のトリック抜きには考えられません。

憲法改正の問題についても、これに似たトリックが使われる危険が十分にあります。それが国民投票法です。ですから、国民投票法は、憲法改正を我々の手によって、つまり多数の力によって阻止できるかどうかの天王山だと私は思います。

例えば、どういうふうに改憲を発議し国民の意思を問うのか。項目ごとに改正案を具体的に示して賛成、反対を問うのか、それとも全体的な改正案を一括して示して「憲法改正するかどうか」と賛否を問うのか。項目ごとに問うとしても、非常にあいまいな要綱的な形で案を示して、賛成か反対かを求めるのか。

あるいは、過半数で決めるということをとってみても、何の過半数かということも問題です。まず、誰が投票権を持つか。私は一八歳以上の者に投票権を持たせるべきだと思う。若い人たちの人生と運命がかかっているのですから、むしろ若い人たちにこそ、投票してもらいたいからです。また、何の過半数にするのか。有権者総数の過半数とするか、有効投票のそれにするか。それから、最低投票数ないし投票率というものを決めるかどうか、棄権が多いときはどうするか。

また他の選挙と一緒にするか、国民投票だけにするかも大きい問題です。同時選挙の問題性を考えるとき、他の選挙と一緒にするやり方の危険性がわかります。肝腎の争点がぼやけてしまう。

それから、運動を自由にするのか、規制するのか。どこまで規制するか。もし選挙運動と同じようにがんじがらめに規制すれば、改正反対運動は押さえ込まれてしまう。これは大変です。

国民投票法を作るについては、これらの問題があり、今与党側によって秘かに用意されているものは、これらの問題について、憂慮すべき規定が盛り込まれています。ですから私たちは国民投票法を作らせないよう全力をつくさなければなりません。

国民投票法を作ること自体は、改憲に賛成か反対かは別として好ましいことで反対すべきではないという意見がありますが、これは正しくありません。憲法を改正するために国民投票法を作ろうというのですから、改憲に反対する者は、これを阻止すべきは当然です。その落とし穴にははまってはいけません。

私たちは多数派である

最後に結びとして次ぎのことを述べたい。日本国憲法は歴史を踏まえた憲法、つまり、過去の人たちの声、もっと端的に言えば、戦争で犠牲を払った人たちの声が最大限盛り込まれた憲法だと思います。そして、現実の声も反映しており、これを守りたいという声が多い。しかし、それだけでこと足れりと満足するわけにはいきません。憲法というものは、未来をも背負うからです。ですから、未来を背負う若い人たちがこの憲法を支持するかしないか、その声を、理性と良識を研ぎ澄まして聞き取らなければならないと思います。

過去の声は、『きけわだつみのこえ』をはじめにして、様々な形で文書に残されており、今読み返してみても非常に感動します。自分たちは犠牲になるけれども、あとに生きるひとたちは幸せになって生を全うして欲しいという悲痛な願いが、わだつみの声となって、日本国憲法の規定を生み出し、今もそのことを訴え続けています。現実の声はと言えば、先ほど紹介した『朝日新聞』の世論調査が明らかにしていると思います。

問題は未来です。未来の声――高校生の声、中学生の声、小学生の声、そして赤ちゃんの声、それだけでなくて、これから生まれてくるであろう人たちの声にも耳を澄まして聞き取らなければならない。どういう社会、どういう国家を望んでいるのかを、良識と理性を働かせて聞き取らなければならないのであります。そして、人間の良心の声をも聞くとき、憲法を擁護する私たちは決して少数派ではないと確信できます。

私は、若い人たちの間に最近大きな変化が生じてきているのではないか、と大学の現場で感じます。また、いろいろな集会でも感じます。宮城県のデモや集会をみても、若い人が多くなってきています。若い人たちは、イラク戦争からいろいろな教訓を学びとり、平和、国際貢献のあり方を真剣に考え始めています。メディアはそれを取り上げて伝えるべきです。そういう責務があるはずです。街を歩いている人たちの声だけではなくて、学校で真剣に、自己責任とは何か、イラク戦争の真実は何か、真の国際貢献のあり方はどういうものかを議論している、そういう若い人たちの声を取り上げ伝えるべきです。真剣な営みがいろいろな学校現場では繰り広げられているのですから。そういう声を聞くとき、若い人たちは、本当に真剣に自分たちの未来に重ね合わせながら、憲法の問題を考え始めているという印象を強く持ちます。

私たちには、権力はありません。理性と言葉しかありません。しかし、理性と言葉ほど強いものはないと思います。歴史を本当に動かすのは、理性と言葉です。理性的言論です。そして、これを現実の力にしていくのは、私たちの連帯です。上から押しつける連帯ではなくて、人間的な良心と共感に基づく連帯です。今こそこの連帯を広げていくことが大切です。そのためには今日のような集会を地道に積み上げて、周りに広げていく取り組みが何よりも重要です。

私たちは多数派です。この多数派が負けては、過去や未来の人たちに対して、申し訳ありません。多数派が多数派になるように、憲法改悪を阻止出来るよう、一緒に一所懸命頑張りたいと思います。

希望としての憲法

一九九六年五月三日、仙台市戦災復興記念館において開かれた第二七回宮城県民憲法集会（主催　みやぎ96 市民の憲法行事実行委員会）における記念講演。

憲法公布五〇周年における憲法状況

今年（一九九六年）は憲法公布五〇年という年です。去年は戦後五〇年、来年は憲法施行五〇年という節目になっていますが、ちょうどその真ん中の年にあたります。こういう時期にあたって、私たちは、改めて、私たちにとって、この五〇年間、憲法は一体何であったのか、そしてまた現在何であるのか、そして二一世紀に向けて憲法は何でありうるのかということについて考えることは、極めて大切なことではないかと思います。

とりわけ現在私たちをとりまいている状況を見てみますと、大変に危険な状況にあることはみなさんもよくご承知の通りであります。日米安保の再定義は、とりも直さず日米安保条約をさらに改悪したという意味を持っており、日米安保というものが、言ってみればアジア太平洋安保へと拡大し、日本が集団自衛という危険な罠にはまりつつあるということを示しております。また、それと関連して、沖縄における基地問題が様々な要因をはらみながら急展開しており、言ってみれば沖縄基地が本土に拡散して、本土自体が沖縄化していくという危険をはらみつつあるということもみなさんご承知の通りです。

さらに、民主主義の問題を見てみますと、小選挙区制の実施が待っています。さらに、住専(住宅金融専門会社)や消費税の問題を始めとして、私たちの民主主義に関わる問題が、国会、あるいはその周辺で議論されており、それらもまた大変危険な状況にあるということもご承知の通りです。

さらに私たちの基本的人権をとりまく状況も深刻です。破壊活動防止法の適用が、今準備されつつあります。これについては、また後に述べたいと思いますが、この破壊活動防止法(破防法)は戦後最大の悪法の一つだと私は思います。その破防法が、オウム事件を利用する形で私たちの社会、私たちの身の回りに、今忍び込んできているのであります。そのほかに、様々な問題が私たちの社会にはあります。例えば、財界、官界、学界、これら三者の癒着構造を示しているエイズの問題があります。あるいは、マスコミの腐敗の問題が、オウム報道をめぐって、はしなくもその一端が出てきたと私は思います。あるいは、原発事故、環境悪化の問題、さらには、規制緩和の名の下に行われている福祉後退。どの問題一つを取ってみても、大変大きな問題であります。憲法が掲げております平和主義、民主主義、人権、そして福祉、これらをいずれも侵害し、危機に陥れる、そういう出来事であることは、みなさんご存じの通りです。

私たちは、このような危機的な状況の中にあって、絶望感にとらわれることがないとは言えない。今のままで行けば、日本の社会なり私たちの市民生活というものは、本当に大変な状態になると、絶望感に近いものを感じることがあることは、率直にいって認めざるをえません。そして、この状況を利用するかのように、改革ムードをあおり、より一層危険な方向に推し進めようとする、そういう動きが活発化していることに、私たちは注意しなければなりません。

その一つの例として、『読売新聞』の動きがあると私は思います。一昨年（一九九四年）に『読売新聞』は、社としての改憲案というものを出しました。昨年は、総合安全保障政策大綱を出しました。今年は、今朝（一九九六年五月三日）の新聞によりますと、行政機構改革の抜本的な改革論を出したようであります。それらのめざす方向は何かと言えば、集団的な自衛権を明確化するとか、あるいは国際平和協力業務を自衛隊の業務として明文化することによって海外派兵の道を開くとか、あるいは、有事への対処のために首相の権限を強化するとか、そういったプログラムであります。

それでは、このようなプログラムが、世論に一体どのように受け止められているだろうか。ここに興味深い数字があります。これは、読売新聞社が今年の三月に世論調査をした結果であります。これが、今年の四月五日付けの『読売新聞』に紹介されており、憲法改正派が多数になったという見出しになっていますが、よく見てみますと、非常に興味深いものがあります。確かに、この世論調査によれば、「憲法改正するほうが良い」が四六・七％であり、「改正しないほうが良い」が三六・四%、「答えない」が一六・九%、約一七%になっています。この数字だけ見ますと、改正する方が良いというのは約五割に近く、改正しない方が良いというのは、三分の一をやや上回っている程度にすぎない、ということになります。

確かに、改正派が上回っているという意味では、『読売新聞』を先頭とする改憲派の動きが世論の支持を得つつあるかのように見えるわけです。しかし、この数字をもう少しよく見てみますと、次のような点が注目されます。すなわち、この『読売新聞』の改憲案が出たのは九四年でありますけれども、この九四年の当時においては、改憲した方が良いという数字は、四四・二%でした。前年の九三年には、五〇・四%であったそうです。要するに、改正する方が良いというこの数字がこの二、三年の間で減ってきている訳ですね。しかも、その年代別の内訳がこの『読売新聞』の調査に出ている訳ですけれども、昨年二〇代の人たちの間では「改正する方が良い」というのが五八・七%と、六割に近い。ところが、今年は、五〇・七%というふうに、一〇%近い低下を示しています。要するに、若い人たちの間では、読売を先頭とする改憲の動きというものは、昨年から今年にかけて急速にその支持を失ってきているという数字になっているのであります。

つまり、若者層の意識の変化というものが顕著に見られるということになるのであります。このようなことを考えてみますと、憲法改正の動きというものは決して、改正論者たちが期待するような方向に行くのではなくて、振り子が元に戻るように、湾岸戦争以後、憲法改正の方に動いてきた振り子が、また元に戻りつつある、護憲の方に戻りつつあることをうかがわせます。これは重要な事実ではないか、と思います。

このような状況を生み出しているのは一体なんだろうか。今日の結論にもなるわけですけれども、湾岸戦争以後にあっても、うまずたゆまず展開されてきた、憲法を守り、民主主義を発展させ、人権と平和を守るための闘い、市民運動、これがもたらしたものではないか、と私は思います。沖縄の闘い、それから住専や消費税に対する怒りと反対、破防法適用に対する反対の動き、エイズ犯罪を追及する動きをはじめとして、あるいは、また小選挙区制を廃止するための闘いの持続的な取り組み、さらにはＰＣＢ（ポリ塩化ビフェニール）や環境などの問題についても、市民運動は根強く粘り強く展開されてきました。

このような動きというものが積み重なっていって、先ほど申したように、湾岸戦争以後世論は一時憲法改正の方にぶれたように見えながら、また護憲の方に戻りつつある。そういう動きとなっているのではないだろうか、と考えるのであります。そして私たちはこのような状況を踏まえて考えるとき、戦後五〇年、憲法五〇年、この節目のときに当たり、希望をもって憲法を語ることができる、そのように私は思います。

顧みますと、戦後私たちは、安保条約のもとにおいて、平和と民主主義、人権を圧迫し圧殺する動きに対抗して闘ってまいりました。いろいろな場面、場面で、一人一人が一所懸命努力をしてきたと思います。そうした憲法を守る闘いこそが、戦後五〇年間、憲法というものに活力を与え、私たちの社会を人権と平和と民主主義の社会たらしめてきた、一番の原動力だと思います。

沖縄で考えたこと

私はこの三月の末から四月の始めにかけて、沖縄に行ってまいりました。民主主義科学者協会法律部会という法律関係の学会の研究合宿が開かれました。この学会は、民主主義を守るために法律学者の立場から戦後五〇年間取り組んできた団体であります。全国から約一五〇名集まって、四日間研究合宿をいたしました。私はこれに参加し、その研究合宿の一環として、いろいろなところを沖縄の平和委員会のお世話で見学させていただきました。その中で考えたことを申し上げながら、私たちにとって憲法とは一体何だろうか、ということを考えてみたいと思います。

私たちが最初に案内されたのは、沖縄で「ガマ」と呼ばれている洞窟であります。糸数壕、これは「アブチラガマ」というふうに呼ばれている鍾乳洞でできた洞窟、ガマでありました。沖縄という島は、南の方は珊瑚礁が隆起してできたそうで、そのためか自然にできた鍾乳洞が二〇〇〇ぐらいあるんだそうです。そのひとつが、私たちが案内された「アブチラガマ」でした。さとうきび畑が広がっている一角に、よほど気をつけてみないと分らないような小さい穴があって、そこが入口になっておりました。身をこごめなければ入れないような小さい入口でした。そこから、鍾乳洞が三〇〇メートルぐらい洞穴になっていて、しばらく急な坂を下りてまいりますと、広い洞窟がありました。高さもとても高かったと思いますが、中は真っ暗であす。私たちはペンシルライトを持って、その中に入って行ったのですが、中は真っ暗です。その「アブチラガマ」

は、陸軍病院の分院があった跡だったのです。

一九四五年四月一日にアメリカ軍が沖縄に上陸し、どんどん侵攻してきました。日本軍は敗走して南の方にどんどん追いつめられていき、四月二四日米軍上陸から三週間位たった時点で、南風原《はえばる》にあった陸軍病院が退却し、糸数の「アブチラガマ」に陸軍病院の分院を開いたのです。そこには、患者が約一〇〇〇人収容されたと言われております。その他にも、軍医とか衛生兵、さらに「ひめゆりの塔」で有名なひめゆりの部隊の女学生の人たち、そういう人たちがその「アブチラガマ」にいました。そして一月ほどたった五月二五日には、その「アブチラガマ」を捨ててさらに南に退却します。その際には、重い患者たちは自決を迫られました。壕に残った者もおりましたが、いずれにしても大変に悲惨な状況がそこで展開されたわけです。その後もそのガマにはたくさんの食料が隠してあったこともあって、多くの住民もそこに避難し、また、食料を管理する兵隊もいたようです。

そして六月の段階になりますと、米軍は壕の中にいる住民や兵隊に対して投降を呼びかけました。しかし、そこから出てくる者はいませんでした。そこで米軍はその壕の中に爆雷を入れたり、火炎放射器で焼いたり、さらには黄燐弾、ガソリンなどを投げたりしました。その結果、多数の死者が出ましたが、それでも全員をせん滅させることはできなかった。結局のところ、一九四五年八月二二日になって、中にいた人たちは外に出てきて降伏をしました。そういう壕でありました。

その壕の中に入っていきますと、先ほど申したように、真っ暗でした。当時は発電機があったようですが、それにしても本当に巨大な地下の暗闇でありました。先ほど申したような急な坂を降りていきますと、大きな広場があり、そこには死体置場や食料置き場、衣服置き場などがあったり、かまども五つありました。井戸も一つありました。かつては、その壕の中には、軍靴、弾丸、メガネ、歯ブラシ、鍋、釜を始めとして、日用品、武器、弾薬などがたくさん放置されていたそうですが、今ではそれが整理され、ガマの中に入っていく道も、てすりが要所要所にできていました。しかし、当時の状況というのは、想像するだけでも大変に悲惨なものではなかったかと思われます。

一九四五年八月の段階で、その「アブチラガマ」についてではありませんけれども、同じようなガマの状況について、ある女子学生は次のように手記を残しております。

「そのガマは野戦病院でしたから処置されたんでしょうね。入ると真っ暗な中にずらっと死体が並んで放置されているんです。三十体以上あったと思います。ミイラになって壁に寄り掛かった兵隊。毛布にくるまったまま白骨化したもの。そんなのがずらっと。畑の中のガマで入口は小さく、しゃがんで足からやっと入れました。中間辺りでは少し立って歩けます。奥行き三〇米位、爆弾にやられて途中は落盤していました。さらに奥に行くと二段に分かれそこは乾燥していましたよ。入口で死んでいるのは看護婦だと言っていました。骸骨に長い髪の毛がまつわりついていました。八月も中旬ですからほとんど白骨化しているわけです。その中のミイラがとても印象に残っていて、そこを通り抜けるのがとても怖かったですよ。」（宜野座啓子「ミイラになった兵隊達」、『ひめゆり平和祈念資料館公式ガイドブック』一九八九年）

戦争に正義なし

こういう状況が一九四五年の八月段階のガマではいたるところで展開されていたのです。その真っ暗なガマの中で、私はいろんなことを考えました。その中にいた住民や兵士たちは、なんと言っても生きることへの希望を奪われていた。

兵隊たちは、「生きて虜囚の辱めを受けず」、つまり捕虜になってはいけない、という戦陣訓に強く縛られていました。しかも、この沖縄の軍隊の指揮をしていた牛島中将は、次のような命令を発して一九四五年六月二三日に自決してしまうのです。「これから各部隊は各局地における生存者中の上級者これを指揮し、最後まで敢闘し、悠久の大義に生くべし」……つまり最後まで戦えというのです。ですから、兵士たちは、上級の兵士がいてその命令がある限り戦わざるをえないという立場に置かれたのです。

当時沖縄は、先ほどみたスライドにもありましたように、まさに本土の捨て石としての役割を演じさせられたのです。実は沖縄戦が始まる二カ月ほど前に、元首相近衛文麿は、敗戦は必至である。今、戦争をやめれば国体を護持できるかもしれない。天皇制を守ることができるかもしれない、と天皇に上奏しました。しかし、天皇は、もう一度アメリカと戦って大きな戦果を上げてからでないと、天皇制を守ることはむずかしいだろう、というふうに答えました。その結果として、悲惨な戦争が続けられていくのです。沖縄は本土の捨て石だったとよくいわれますが、むしろ天皇制維持のための捨て石だったのであり、そういうものとして沖縄戦は戦われたのであります。

住民たちはそういう任務を与えられた軍隊に対し、否応なしに軍への協力を強いられました。丸腰でアメリカ軍に投降しようとすると、日本の兵隊からスパイと疑われて、後ろから射殺されたりする状況に立たせられたのです。それだけではなくて、住民の間には、もしもここでアメリカ軍に投降しますと必ずアメリカ軍に殺されるという恐怖感もありました。そのように教育されていたからです。そういうこともあって、なかなか投降しにくいという心理状態におかれていたようです。

いずれにせよ、兵隊も住民も生きる希望を持つことを一切絶たれ、まっ暗なガマの中に潜んでいたのであります。そして最後には、アメリカ軍に投降して生命を全うした人もおりますけれども、多くの人はそこで生命を絶たれていったのです。

沖縄戦の戦没者の数は全部で二〇万人と言われております。その中で沖縄の住民が一二万人、約六割であります。太平洋戦争、沖縄戦というものは、住民にとって、兵士にとって、一体何だったのだろうか。結局のところ、それは、死ぬことを強制されることに他ならなかった、というのがそのガマの中にいての私の実感でありました。

太平洋戦争はご承知のように、東洋平和のため、八紘一宇のため――「八紘」とは天下、「一宇」とはひとつの家、つまり世界は一つの家であるということです――、国体を護持するため、つまり天皇制を守るためというスローガンを掲げて戦われたのでありますが、しかし、それらは全て妄想であり、嘘であり、偽りであったのであります。

そして、よく考えてみれば、太平洋戦争だけではありません。およそ戦争というものに正義はありません。目的そのものが嘘と偽りで塗り固められた、邪悪なものであることがほとんどだからです。しかも、戦争というものは、いかなる目的を以てしても、正当化することはできません。戦争は、その手段において残虐であり、およそ正義を持つことができないからです。

沖縄にはいろいろな記念館がありますけれども、私たちが見せていただいた記念館の一つに県立平和祈念資料館というのがあります。この資料館には、さまざまな証言が大きな文字で印刷されて陳列されている部屋があります。その部屋を出るところに、次のような意味の文章が記されてありました。それは、私の先ほど考えたことと全く同じだったのです。それをご紹介したいと思います。

「沖縄戦の実相に触れるたびに、戦争というものは、これほど残忍で、これほど汚辱にまみれたものはないと思うのです。この生々しい体験の前では、いかなる人でも戦争を肯定し美化することはできないはずです。戦争を起こすのは確かに人間です。しかし、それ以上に、戦争を許さない努力ができるのも、私たち人間ではないでしょうか。戦後このかた、私たちはあらゆる戦争を憎み、平和な島を建設せねばならないと思い続けてきました。これが、あまりにも大きすぎた代償を払って得た、譲ることのできない私たちの信念なのです。信条なのです。」

こういうふうに書いてありました。私はその文章を読んで、本当に涙が出る思いがしました。まさに、戦争に正義なし。これこそが、戦争の世紀と言われた二〇世紀が二一世紀に遺すべき、最大の歴史的教訓ではないか、と思いました。そして、この歴史的教訓を生かすことこそが、生きることへの希望を絶たれ、あの暗い洞窟の中で潜みながら、ただひたすら死を待っていた人々に対する最も良い鎮魂になるのではないかと思いました。

それにしても、戦争の犠牲者は沖縄だけではありません。日本の本土においても、アジア各地においても、そして、世界各地にも犠牲者はたくさんおります。そういう人々の生への希望を奪った戦前の日本という国家、これは一体なんだったのだろうか。なんとひどい国家だったのだろうか、深くそう思いました。

天皇制、軍部、財界、そういう戦争推進勢力が、東洋平和とか八紘一宇とか、そういったような妄想のスローガンを掲げて国民を駆り立てて戦争し、そして、多くの人々を死に追いやった。そういうことをやった日本という国家は一体どういう国家だったのだろうか、なんというひどい国家だったのかと、つくづくそう思いました。

沖縄にとっての日本国憲法

それと同時に、戦後の私たちの住んでいる、私たちが構成員の一部である戦後の日本という国家とは、どういう国家なのだろうかということも考えさせられました。そういう感想を持ちながら、私たちは米軍の普天間基地や嘉手納基地を見学いたしました。もちろん見学といっても、要所要所でバスから降りてフェンスの近くまで行って基地を見るという作業でしたけれども。

読谷《よみたん》に象の檻というのがあります。これは、今話題の楚辺《そべ》通信所です。そこでバスから降りて、象の檻のまた外側に、急遽日本の政府が作ったプラスチック製の柵の近くまで行って、三〇分ほどその辺を見ました。そこには日本の警察機動隊がおりまして、私たちがバスを降りてその辺を見ているのに対して、二〇分以上駐車したら道交法違反になるから退去しなさい、という警告を発しておりました。

米軍嘉手納基地の脇には「安保の見える丘」といわれている丘があって、そこからは嘉手納基地の二本の滑走路が見えるのですが、そこでも様々なことを見聞しました。嘉手納基地というのは、今では核兵器が持ち込まれたことが明らかな、大変危険な基地であります。二本の滑走路の長さは四キロあり、非常に広く長い滑走路でした。ここから次々とベトナムや中近東に米軍の軍用機が飛び立って行ったのです。そういうところを見て、沖縄の基地が、大変に危険な役割を果たしているということを実感しました。沖縄にいる米軍は、海兵隊が主体です。海兵隊というのは侵略戦争の殴り込み部隊だと言われています。その数は約一万八千人近く、これが沖縄に常駐している。米国本土以外で常駐しているのは沖縄だけなそうです。そのほか、世界のどこへでも出撃可能な空軍が約八千人。それから陸軍は約一〇〇〇人弱いるそうでありますが、その主体はグリーンベレーで、諜報活動が主体だそうです。

そういうような米軍基地嘉手納を見て、沖縄にとって日本国憲法とは一体何なのだろうかと、つくづくと考えさせられました。沖縄にとって、戦後五〇年は、大きな苦難の歴史でありました。その苦難の中で、日本の国家は、沖縄を、言ってみれば人身御供のようにアメリカに提供し、基地の七五％以上を押し付けてきたのであります。その意味では、沖縄の人々にとっては、戦後の日本国家というものは戦前の日本の国家と同じように大変にひどい国家だった。しかし、それにも関わらず、沖縄の人たちは日本への復帰を実現しました。確かに国家は、沖縄の人たちにとって、非情な国家であったし、現在でもそうであるわけなんですけれども、しかし、日本国憲法というものがある限りにおいては、沖縄の人にとって日本国というのは、復帰すべき対象であったのだと思います。

しかし、よく考えてみますと、このような状況は、実は私たち日本人の全てに大なり小なり共通しているのではないでしょうか。

憲法九条こそ現実主義

いま、日米安保のアジア安保化、アジア太平洋安保化にともなって、日本は、非常に危険な立場に立っています。これは隠しきれない事実だと思います。日米安保の再定義というものはまさに、アメリカによるアメリカのための軍事行動に、日本を否応なしに巻き込んでしまう。日本人を危険な状態に陥れつつある。しかし、私たちは、このような状況にあっても絶望することはできません。私たちは、日本国憲法の理念に導かれながら、現実をもう一度冷静に見直してみれば、次のような状況があることに気がつきます。

それは、この米ソ軍事対決の状況が解消した現時点において、巨大なパワーを持った大国が核兵器を用いながら戦争を展開する状況はなくなったということであります。残るのは、局地的な、地域的、民族的な紛争であります。このような紛争が、日本の周辺で起こる危険は必ずしも大きくないということは、ほとんどの政治家や軍事専門家、評論家たちの等しく認めているところです。それだけではなくて、この民族紛争とか地域紛争というものは、仮に起きたとしても、その紛争を軍事力で解決することがいかに不可能に近いかということもまた、湾岸戦争以後の様々なＰＫＯ、ＰＫＦ活動を通じて教訓として残っているのであります。軍事力は、何ものをも解決できない。これが、現実の示しているところなのであります。

こういう中にあって、軍事力以外のもので、国際平和を実現するために貢献する。それは、まさしく憲法の示している道であり、それのみが真の国際平和をもたらすものです。軍事力というものは、決して平和をもたらさない。これが、湾岸戦争以後の事態の示しているところではないだろうかと考えます。

このように考えてきますと、憲法の理想に従って国際平和主義に徹するということが、理想主義であると同時に実は現実主義であるということがわかってまいります。私たちは、ともすれば、憲法九条の理念に従った国際平和主義を理想主義だと自らも考えがちでありますけれども、しかし理想主義であると同時に現実主義だということを強く指摘したいと思うのです。よく考えてみますと、二〇世紀の教訓というものはそこに行き着くのです。

第一次世界大戦、第二次世界大戦、そしてつい最近の湾岸戦争に至るまで、二〇世紀の歴史は戦争の歴史でありましたけれども、その戦争によって一体何が解決したのか。何ものをも解決できなかったのであり、むしろ戦争の惨禍は、未だに解決されない被害を多くの人々に残したままであります。このような歴史的教訓を深く胸に刻むとき、国際平和主義こそが現実主義なのであります。戦争によって、何かを解決できる、軍事力によって何かを解決できると考えることこそが、まさに空想であり妄想であると私は強く主張したい。

実は、昨夜(一九九六年五月二日)、あるテレビの深夜番組で、集団自衛権の問題について、三人の方々が討論しておりました。一人は新社会党の国会議員でした。彼は、軍事力によって、一体何を解決しようとするのか、何が解決できたと思うのかと、ある新進党の国会議員を鋭く問いつめておりました。それに対して新進党の国会議員は、なんら答えることができなかったのであります。その討論の様子をみて、私は、この視点が非常に重要だと思いました。

私たちは、二一世紀を目前にして、二〇世紀の教訓を正しく汲みとり伝えなければなりません。戦争に対して「ノー」と言う。軍事力に対して「ノー」と言う。基地に対して「ノー」と言う。

安保に対して「ノー」と言う。このことこそが、理想主義であると同時に、二一世紀における現実主義であるということを、若い人たちに言葉を尽くして語り伝えなければならないと私は思います。

人権と民主主義の満ち溢れた社会こそ平和の砦

沖縄の教訓は以上の通りです。この教訓を生かすためにはどうすれば良いのか。そのためには、日本の社会を、民主主義と人権に満ち溢れた社会にしなければならない、そうしてこそ初めて平和への努力が実を結びうるからであります。

そういう目で現在の日本社会の人権なり民主主義なりの状況に目を向けるとき、どういう問題が見えてくるのか。このことについて、簡単に述べてみたいと思います。

この戦後五〇年間、人権と民主主義は、非常に大きく発達したと思います。思想の自由、言論の自由、プライバシーの権利、女性の権利の問題など、二、三の例をとって考えてみただけでも、戦前とは比べものにならないほど、私たちは自由を手にしております。それはとりもなおさず、戦後の五〇年間、私たちが必死になって様々な運動を繰り広げてきたその成果です。

しかし、注意すべきは、このような動きの背後に、自由、人権、民主主義を制限し、抑圧しようとする動きが強まってきているということです。その一つの例として、私は、破防法の問題を挙げてみたいと思います。オウムの事件をきっかけにする形で、オウム教団に破防法を適用し、団体規制しようという動きが出てきました。現在、破防法請求に向けて、公安調査庁は弁明手続を開始しております。しかし、破防法という法律は、戦後有数の悪法中の悪法であり、その適用を認めることは、日本の市民社会に対して非常に大きな悪影響を与えるということを指摘せざるをえないのであります。

破防法とは、暴力主義的な破壊活動を行う団体に対して適用され、その団体に対し、解散を含む団体規制を加えることができる、という法律であります。しかし、「暴力主義的な破壊活動」とは、決して私たちが想像するような凶悪な暴力犯罪だけを指すものではありません。この法律は、一定の政治的な目的をもって行われる言論活動も、暴力主義的な破壊活動に含めています。このように広く言論活動も含めたものとして「暴力主義的な破壊活動」を法律上構成した上で、破防法は、そのような団体に対して、裁判所の判断を経ることなしに、一方的に行政機関たる公安審査委員会が、団体にとっては死刑に等しいような、解散という措置を講ずることができることを定めております。

実はこの法律は、一九五二年の成立当時から憲法違反の疑いが強く持たれ、大きな反対運動が展開されました。合計四、五回にわたって労働組合によるゼネストが展開されたり、全国各地の大学の教授会や教員の団体が破防法反対の決議を行ったり、学術会議も反対声明を出したりと、言ってみれば国民の総批判を受けたのです。それにもかかわらず、不幸にも成立したという、いわくつきの法律であります。そのためもあって、この法律は制定後これまで団体規制については一度も適用されませんでした。しかし、オウム事件をきっかけにする形で、今回団体規制に向けての手続きを始め、あわよくば団体規制に持っていこうというわけです。

この問題は、ともすればオウムの問題であって、私たち一般市民にはもちろんのこと、民主主義なり人権なりを守るために活動をしている市民運動に対してはほとんど関係がないと思いがちであります。しかし実は、そうではありません。破防法は、先ほど言いましたように、制定後一度も団体規制が実施されなかったのですが、もし、一旦実施されると、その刃はやがては一般の市民運動に対しても及んでくるでしょう。まさにその突破口として、オウムの事件が選ばれたということになるわけです。

それだけではなくて、オウムに対して仮に破防法の団体規制が行われたといたしますと、どういう事態が生じるのかといいますと、オウム信者のいるところ、必ず公安調査庁の調査官の調査活動もある、という事態が起こるでしょう。オウムの信者はおそらく、これからいろいろな経過を辿るでしょうが、社会に復帰し、一般の地域で生活していくことでしょう。オウムの信者の子どもたちは小学校に入って行くでしょう。ところが、これに伴い、オウム信者が生活する地域、職場、学校や、様々な集会なり団体なりが、公安調査庁の調査対象にされることになるでしょう。つまり、あらゆる地域、あらゆる組織、あらゆる活動に対して公安調査庁が調査の手をのばすことが可能になるのです。

このように考えてきますと、オウムに対する破防法適用の問題は、決してオウム教団だけの問題ではなくて、市民社会それ自体の問題でもあるということがわかります。

また、このことと関連して、現在警察力が飛躍的に強化されているということにも注意を払う必要があります。オウム犯罪を契機とする形で警察の体制が一段と整備され、中央集権的なものになってきております。警察庁が直接的に各地の都道府県警察を指揮し取締りにあたる中央集権的体制が、警察法改正によって強化されてきております。しかし、警察力なり公安調査庁の活動の活発化は、市民社会の自由と活力を奪い、市民運動を規制していくことにつながります。このことに私たちは注意しなければなりません。

最近の新聞報道によれば、今、与党や新進党の中では、市民運動促進法案というものの立案の作業が進んでいるそうです。市民運動促進法案というのは、ボランティア活動をする市民運動に対して、法人格を与えて税制上の優遇を与えたり、寄付金をとりやすいように保護し、市民運動の活発化を促す、そういう法案のようです。それと同時に、その案は、市民運動に対する行政庁の立ち入り検査の権限を規定しようとしたり、市民運動から、例えば政治活動を目的とするようなものを除外したりするような規定などを盛り込もうとしているようです。要するに、この法案は、市民運動を区別して、好ましい市民運動に対しては、税制上の優遇措置などを与え、好ましくない市民運動に対しては、そういう措置を与えない。それだけではなく、市民運動組織一般に対する立ち入り検査の権限を行政に与える。そういう仕組みになっているのであります。

この法案は、市民運動の中に分裂を持ち込み、あるいは、腐敗を持ち込む危険があります。市民運動の発展を考える上で、そういう動きに対しても適切な批判をしていく必要があるように思います。

未来への希望、希望としての憲法

最後に結びになりますが、戦後五〇年、憲法を支え強め生かしてきたものは私たちの力であります。このことを、私たちは誇りを持ち胸を張って確認しておきたい。憲法は現実に根付いています。それは、憲法運動が活力を失わず津々浦々に展開される限りにおいて、であります。憲法運動が力を失い、活力を失っていけば、憲法もまた、現実への根付きを失っていくでありましょう。まさに、憲法を守る市民運動こそが、憲法に力を与え、私たちに希望を与えていると言っていいと思います。

憲法は、日本社会の良心的な営みに希望と力を与え、これを支えてきました。恐らくこれからもそうでありましょう。先ほど私は世論調査の結果を挙げましたけれども、憲法改正の動きは、決して若い人たちの心をとらえることはできないであろう、私はそう思います。

私は、沖縄に行ったときに、様々な施設を見学している他の若い人たちと一緒でありました。その人たちは、初めは、修学旅行気分のようにザワザワといろいろなおしゃべりをしながら見ておりましたが、だんだん歩を進めるに従って、おしゃべりは少なくなり、真剣に見入っていました。そして最後に会場を出るところでは、感想文を一所懸命書いているのです。私はその姿を見て、若い人たちが、沖縄の戦争体験の実態を真摯に受け止めていることを実感いたしました。また、エイズに対する若い人たちの取り組みを見ても、人権を守るためには、若い人たちは非常に積極的に立ち上がることがわかります。

こういう動きを見ますと、憲法の未来は非常に明るいと実感します。それつけても、私たちが二一世紀に向けて憲法を希望の星として持つことができるかどうか、これは、私たちが連帯を形成し、それを運動化することに成功できるか否か、という点にかかっていると思います。連帯には、他者への共感、友情、信頼、そして解決への情熱、解決策を発見するための理性などが必要であります。しかしながら、実はそういうもの自体が連帯の所産なのです。つまり、連帯することによって、人々はそのような共感、友情、信頼、情熱、そして理性を育みそだてていくことができるのです。その意味で私は、連帯こそ出発点であることを強調したい。

人々を対立させ、分裂させ、憎み合わせ、分割して統治しようとする統治者の論理と策動、強者の論理、策動があり、ともすれば私たちはそれに引き込まれそうになります。しかし、私たちはそれに対して連帯という武器で対抗しなければなりません。連帯というものが、いかに大きな力を持っているかということは、私たちの闘いの歴史、闘いの現実がよく示しているところであります。その意味において、連帯の中にこそ希望があり、未来がある。このことを、私たちは二〇世紀の教訓として、二一世紀に語り継がなければならない。この営みが続けられる限り、歴史は決して逆戻りしません。この五〇年間、憲法を守るために必死になって営んできた私たちの営みは、必ずや二一世紀に正しく受け継がれていくでしょう。そのことについて確信を強く持ちたいと思います。

自信と権威を

あと二、三分ほどお借りしまして、エピローグ風に少し雑談をさせていただきます。実は、私は、今日は開会の挨拶をするという手筈だったのです。ところが、私たちがお目当てにしていた講師の先生には、すでに先約がおありでした。名古屋で今頃話をされていると思います。そんな訳で私がいわばピンチヒッターになったのです。私は元々憲法を専攻しているものではありませんので、こういうことを話すのは、ある意味では気が重かったのですけれども、これまで憲法運動を一所懸命やってこられた人たちに次のようなお願いをいたしました。今、一体何を話せばよいのか、一緒に討論して欲しい。で、その討論の成果をふまえて、私はお話をすることにしたい、と申しました。

その結果、お忙しいところを、何人かの人が集まって下さり、ディスカッションしました。その中で出たいくつかの意見をご紹介して、エピローグに代えさせていただきます。

ある若い人は、日本列島改造計画から始まって、小選挙区制、この五五年体制打破という名の下における社会党つぶしが進行してきた。そして安保も改悪されようとしている。これらの動きがいま非常に危機的な状況を生んでいる。しかし、その危機的な状況は、同時に大きな矛盾を生んでいる。そうだとすれば、憲法を守る運動は、今、発展するチャンスを迎えているのではないか。それをどう捉え構築していくかが一番の課題なのだ、というのです。

また、ある女性は、現在、この安保・沖縄の動きが急展開している中で、国民の間には、安保問題、沖縄問題を契機として、真剣に安保を廃棄する運動が広まってきている。これは、改憲勢力にとって非常に予想外の動きだと思う。しかし、他方において、オウムなどをはじめとして様々な問題が起きていて、オウムとか住専など、人権と民主主義の立場から見て非常に憂慮すべき状況が生じている。このような動きの中で、全体としてどのようにすれば憲法を守る力にすることができるのか、それが問題である。ただ実感として言えることは、憲法を守ろうと言うと守旧派扱いされた時期が確かにあったが、こういう時期は少し脱してきているのではないか。自分の手応えとしてはそう思う、というふうに言われました。

それから、ある人は、民主主義とか人権とか、そういう個々的なテーマでは私たちは非常によく頑張ってきている。しかし全体としてそれを強める動きにならないのが歯がゆい思いだ、というふうに言われました。

そういう様々な意見が出る中で、ある年配の方は次のように言われました。この五〇年間というのは、憲法を守り抜いてきた五〇年であり、このことに自信を持ちたい。民主主義が力になっているということを自分としては実感する。だから、確かに現在危機的な側面があるけれども、しかしそれは同時に、民主主義が力を持っていることでもある。憲法を守るための運動を大きく展開するためには、憲法を守ろうと自覚した私たちが、事実と思想に基づいて、確固とした自信と権威を持つことが重要ではないか。

私は、このような様々な意見の一つ一つに大きな感銘も受け、示唆も受けました。そして私の今日の講演にそれらが盛り込まれることになったはずなのですが、私の力不足でほど遠い内容になったことをお詫びしなければなりません。

それはともかく、私は、年配の方が指摘された最後の点、いい意味で私たち自身が自信と権威を持たなければならないという点に、全く同感です。私たちはこの五〇年間憲法を守り、根付かせ、育てることに成功してきました。その意味で、私たちは、日本の社会の中で確固とした権威を持っています。これは誰も否定したり犯すことのできない権威だと私は思います。そして、いかなる改憲勢力といえどもこれを崩すことはできないでしょう。

私たちはこのことについて確信を持ち、これからも一層頑張っていきたい。

歴史に学び、希望を語る

二〇〇一年五月二六日、宮城県名取市文化会館において開かれた日本保育学会第五四回大会における記念講演。

希望を育てる

ご紹介をいただきました小田中でございます。きょう（二〇〇一年五月二六日）は日本保育学会第五四回大会、心からお祝い申しあげます。五四回と申しますと、一九四八年にこの学会がお生まれになったのではないかと拝察いたします。私はそのときにはまだ一三歳ぐらいの少年でしたが、その後大きくなりまして、現在孫が五人おります。実はそのうちの二人が保育所にお世話になっています。また私の教え子の中にも、長野のほうで保育の仕事をしている方がおられます。保育とはそんなかかわりがあるわけですが、若かったころは、まだ電気洗濯機がなかった時代で、一所懸命おしめを振り洗いしたりしながら子どもを育てたりしたことがあり、保育の経験もほんの少しですがあります。

しかし基本的にはずっと法律を勉強して学生に教えてきたわけで、保育について研究や実践に携わっておられる方々に対して、お話ができるような立場にはありません。しかし、よく考えてみますと、子育て、子どもを育てるということの基本は、何といっても人間に希望を持つということ、「希望を育てる」ということではないか。そう考えますと、法律学に相通ずるものがあると改めて思います。

法律学というものは、結局のところは人間の尊厳をどのようにして守るか、そのためのサポートのしくみをどう作り広げていくか、ということに尽きます。人間の尊さ、私ども法律学者はよく人権というのですが、それを尊重し、そのための理論や仕組みを考える仕事と、希望を育てていく仕事とは、同じ人間を対象とするわけですから、相通ずるものがあると考えます。そう考えて、勇気を奮ってきょうこの壇上に立った次第です。

私はプログラムにも書いてありますように、一九三五年、昭和一〇年に生まれました。そして太平洋戦争が始まった次の年、一九四二年四月に小学校に入りました。当時は国民学校と申しました。国民学校というものは、言うまでもありませんが戦争体制に即応した子どもを作るための学校でした。小学校とはまったく理念を異にしていたわけです。まさに戦争下の、軍人の予備軍としての軍国少年を作るという学校教育を受け、小学校四年生のときに敗戦になったのです。

その直後私の経験したことは、真っ先に教科書に墨を塗ることでした。一時間目からずっと何日間か墨を塗る教育を施されました。これは要するに国民学校時代に使った教科書のうちの軍国主義的な部分に全部墨を塗っていく作業でした。当時はマジックインキなどという便利なものはありませんでしたから、先生がここからここまでの行に墨を塗りなさいと言われますと、一行一行きちんと三角定規を当てて鉛筆で枠を取って、きれいに塗っていくという作業です。気の遠くなるようなつまらない作業でした。が、そういう作業や、戦後の民主教育が始まっていろいろなことを教わる中で、何が戦前のエッセンスであり、何が戦後のエッセンスであるかということを、小学生なりに体得していきました。

中学校一年生になって、『あたらしい憲法のはなし』という教科書で、憲法の話を聞きました。最近小さい復刻版が出ていますが、これを文部省が作って、全国の学校で憲法教育をやったわけです。現在はほとんど憲法教育がなくなったと言っては語弊がありますが、そのウエイトは低くなっています。しかし、当時は『あたらしい憲法のはなし』という冊子を通じて随分時間をかけて憲法教育を施されました。

その中心は、何といっても平和と人権、それが一番大切なことなのだということでした。例えばこの『あたらしい憲法のはなし』は、戦争放棄の項目では、「みなさん、あの恐ろしい戦争が、二度と起こらないように、また戦争を二度とおこさないようにいたしましょう。」と締めくくっています。基本的人権の項目では、私たちは人間らしい生活をしていかなければならない。そのためには必要なものが二つある。一つは自由で、もう一つは平等である、ということを、熱を込めて分かりやすい言葉で書いています。そういうすばらしい憲法教育に接したわけです。

高等学校に行きますと、当時『民主主義』という教科書がありました。これもやはり文部省が作った教科書だったのですが、かなり力のこもったいい本でした。

　私はそういうふうに、戦前の軍国主義教育と戦後の民主主義教育の二つを受けました。そういう中で私は、戦後の私たちの身の回りの社会や国を作る基本的な価値は、平和、民主主義、人権、そして福祉、つまりみんなが貧困から免れ、豊かに暮らしていくことを保障するという意味での福祉、そういった価値でなければならないことを教えられました。これは私にとっては、運命的な出会いとも言えるほどに、目の覚めるような思いのする思想的な出会いであり、教育でありました。

　ところが、やがて一九五〇年に朝鮮戦争が始まり、これをきっかけにして日本の社会は随分変わっていきます。私は大学に進んで、現代日本経済史、特に太平洋戦争が始まる前後の経済過程というものに関心を持ち勉強しました。これはなぜかといえば、戦前日本の社会を基本的に支えている経済構造を解明することが、軍国主義日本を克服し、戦後の平和日本を発展させるため必要なことであると考えたからでした。

　そして大学を卒業し職場に入ってからもいろいろなことを体験しました。特に一九六〇年の安保闘争や松川運動、そして三池闘争は、私に決定的な影響を与えました。人間というものには、単に時代の流れとか経済法則に従うのではなくて、それに逆らってでも貫き時代を作っていくべき基準となる価値がある。それは何か。一つは平和であり、もう一つは人権である。そしてさらにもう一つは民主主義である。そしてさらにもう一つは生存・福祉である。このことを実感として学んだからです。

当時三池炭鉱の大勢の炭鉱労働者が首を切られました。しかし、その人たちは、首を切られて泣き寝入りするのではなくて、それと闘った。そういう人たちの闘いの様子を見たり、また安保闘争や松川運動に参加したりして、私は、人権というものを武器にしながら、平和や民主主義を守り、生存・福祉を守り発達させながら、人間らしい生き方を求めていく人間の共同の営みがあるのだ、ということを実感しました。それは『あたらしい憲法のはなし』が指し示したことの再認識でもありました。私はそれから法律学を志すようになったのです。人権というものを武器にして人間らしい生き方を求めていく営みに、少しでも役に立ちたいと思ったからにほかなりません。

それから実に三十数年たちました。ほとんど何もできなかったという思いが強いのですが、それでも、人間の尊厳と権利を守るためには人間的、社会的な連帯が何よりも重要だということを考えるようになりました。人間の尊厳を守り、人間らしい生き方を求める営みをするうえで、人間の社会的な連帯、人間的な連帯を深めていくことが一番重要なことなのだ。人権といい、平和といい、民主主義といい、あるいは福祉といい、すべてはそこに帰着する、というふうに考えるようになったのです。

そんなことを考えているところに、野呂アイ先生をはじめ保育学会の方々から、大会でお話しする機会を与えられました。私としては大変うれしい気持ちであると同時に、果たしてどれほど私の考えをお伝えできるか、緊張する気持ちです。

大きく柱を三つに分けてお話ししてみたいと思っています。一つの柱はいま私たちが直面する問題は何だろうか。これは皆さんの実体験や私の体験、それらをお互いに確かめ合うという作業です。第二は、歴史から何を学ぶかについて、歴史に学ぶとは何かということも含めてお話をしてみたい。最後に、私たちは何に希望を託するかということについて、つまり希望を語ってみたいと思います。

人間社会の危機

第一に、いま私たちが直面する問題とは何だろうか。この点については先ほど野呂先生から、いま子どもを取り巻く状況、環境が非常に厳しいというお話がありましたが、まさにそのとおりです。子どもを含め、いま私たち一般の人々を取り巻いている状況は、非常に厳しく難しいものがあると言っていいでしょう。大きなところで見てみれば、政治、経済、行政、さらには国際問題も含めて、どれ一つをとってみても、頭を抱えるような大きな問題ばかりです。

例えば政治という場面で見ても、政治権力が腐敗しているという印象が深いわけです。しかもその腐敗している政治権力は、いろいろな揺れ動きはありますが、いつのまにかどんどん力を強めていって、それが一つの極に集中しつつあるのではないか。逆に言えば、少数意見があまり力を持たないような政治状況が生まれつつあるのではないか。行政という分野で見ますと、行政改革とかいろいろな掛け声があって、その結果として、いつのまにか生活関連の行政が私たちの身の回りからどんどん撤退していって、その多くのものが民間企業に移されつつある。これは一見効率的ないいもののように見えながら、実は行政が本来担うべき、市民の生活を守るという公共的な性格が薄まってきているのではないか。市民がしっかりした行政をしてもらいたいと思っても、その行政が後ろのほうにどんどん下がっているのではないだろうか。これは市民の生活にとって極めて大きな問題ではないか。

経済の場面で見ましても、不良債権をたくさん抱えている経済界が、次から次へと私たち国民にその不良債権の処理・負担を迫っている。今朝の新聞を見ますと、一一兆円の不良債権があるという話なのです。最初のころはこんなにたくさんの不良債権の話ではなかったのですが、どんどん不良債権の額が大きくなっていって、その後始末を企業がするのではなくて、国民に全部肩代わりさせようとしている状況がある。しかもそれが経済不況に連動し、倒産が相次ぎ、また解雇、リストラがいろいろな形をとりながら進められているという状況です。

こういう状況が、私たちの家庭、地域、学校など、子どもをとりまく環境に影響を与えないはずがありません。現に家庭においては、児童虐待やドメスティック・バイオレンス、あるいは介護の問題が深刻化しています。地域に目を転じてみますと、ストーカー行為や少年非行がまん延しています。学校を見ますと、いじめ、学級崩壊、学力低下など。

さらに職場に目を向けてみますと、雇用が不安定になってきています。リストラや解雇が日常化しているだけではなく、いま働いていてもいつ解雇がなされるかもしれないという不安におびえながら仕事をせざるをえないという状況になっている。無償残業が増えたり、それに伴って過労死が増えたりという悲惨な状況が、いまではもう珍しくなくなっているわけです。環境も劣悪化しています。

ところが、そういったことについて、本来であれば私たちの生活を守るため、事態を改善する仕事に取り組むべき公の行政が、先ほどの話に戻りますが、身の回りからどんどん姿を消してしまい、私たちは裸のままで、そういう動きにさらされようとしているのが実態です。

このようにどの問題をとってみても極めて深刻であり、毎日の新聞を見るのが苦痛なほどに、人間および人間の社会の存立の基礎が、いまぐらぐらと崩れつつあるのではないだろうか。そういう危機感を持たずにはいられません。

皆さんもそういうことをいろいろと体験していると思います。例えば最近五月三日の『読売新聞』に、児童虐待についての統計が出ていました。憲法記念日のトップを飾った『読売新聞』の記事は、「虐待?」というクエスチョンマーク付きの見出しがついており、母親の一八%が、自分はもしかしたら児童虐待をしているのではないかと悩んでいる、という数字を挙げています。これは日本小児保健協会が行った幼児健康度調査で明らかになった数字だそうです。実に母親の二割が、自分は児童虐待をしているのではないかと悩んでいる。これは大変ショッキングな数字です。また児童虐待については、児童相談所に相談する件数が、五年間で六倍になったという報告も出ています。

あるいは先ほどの雇用不安に関連して申しますと、現在完全失業者の数は驚くことに三〇〇万を超しています。これは大変な数字です。かつては二〇〇万を超えれば社会不安が起こると言われたのですが、いまではそれをとっくに通り越して、完全失業者が三〇〇万を突破しています。働きたいと思っている人で職を得ていないという意味での潜在的な失業者も含めますと、職に就きたいと考えているのに職に就けないという数は、実に七百万を超えています。これは一九九一年度当時の二倍の数を示しています。九〇年代に失業者の数が倍増しているということに、改めてりつ然たるものを感ぜずにはいられません。

それだけではなくてこの失業と関連して、むしろいっそうリストラを進めようという動きが、いろいろなところで始まっています。企業が自由に解雇できる状況を作っていく。そのために解雇をルール化する。つまり、解雇ルールを明確化する。そして短期の雇用の種類を増やしていく。現在二、三年という短期雇用ができるのは、ある特定の業種に限られているのですが、その業種を増やすことによって、二、三年で解雇できる労働者の対象を増やしていく。そういうことも含めて解雇ルールの明確化、つまり解雇の自由化ということが、いま政治の課題になっているのです。

こういうような状況は、決して特殊なデータに基づいて申しているのではなくて、この一年ほどのあいだに新聞の切り抜きをした中から選んだものに過ぎません。

そういう状況の中で、危機感が各方面で非常に強くなっています。

例えば児童虐待の問題について、ある霊長類学者は新聞に次のように書いておられます。

「現代の人間社会は、少産多保護の極限まできている。そこでは、親子兄弟に始まる他人との衝突や競り合い、協力やゆずり合いを通じての付き合いが減ってしまった。」(杉山幸丸氏、『朝日新聞』五月一九日付)

あるいは、ある家庭裁判所の元調査官は、少年非行に関連して、非行歴のない少年が非行を犯すような風潮がなぜ生じているのか、その悲劇の背景は何だろうかということについて、ある新聞に次のように書いておられます。

「今日の受験本位の学校教育体制の中で、親・教師に期待され、教えられることに疑問を抱かず、競争主義的な評価やそれに子どもたちを従わせるための『校則』その他の規則にも反抗せず、『落ちこぼれにも、不登校にもならずに』従順に適応し、自律性を極小に押さえ込み、そのことを通して一定の将来への希望も抱くこともできていた『一見、幸せに見えるよい子』」。しかし、思春期の悩みの訪れとともに、自分は何のために生まれてきたのだろうか。生きているとは何だろうか。そもそも自分という存在は何か。次々に人間としての根源的な疑問に直面する。ところがその疑問に直面したときに、考える力も豊かな情操も育っていなかった。そこに深い絶望と自己嫌悪が生じてくる。生きている実感も失われていく。まじめな子どもたちの心情に共通するのは、そういうことである、と(浅川道雄氏、『赤旗』二〇〇〇年一〇月三日付)。

またあるジャーナリストは、この少年非行の問題について、〃いまの子どもの社会には強者の論理しかない。弱者としての自分は否定されなければならず、いじめられた過去は弱さを思い出させるものとして厳重に封印される。それと同時に他者の痛みを思うような感受性も意識的に追放される。「他人の痛みのわからない少年に、被害者に対する罪障感は生じ得ない」〃とする小林道雄氏の指摘を紹介し、「子どもの問題は大人の問題」という真実に思い至らせるとコメントしておられます（木村彰一氏、『朝日新聞』二〇〇〇年一一月二八日付）。

こういう危機感が果たして全部正しいかどうかということについては、私は検討する余地があるようには思いますが、しかし少なくともこういう危機感が社会に広がってきていることは事実であり、この危機感にかなりの程度共感を覚えざるを得ません。

どう対処すべきか

ではこの危機的状況にどう対処すればいいのか。これが問題です。この点について最近二つの流れが有力化しつつあるように思います。一つは、競争主義を強化していく流れです。これは市場原理に基づき、市場競争にすべてを委ねる動きです。もう一つの柱は、取り締まり強化の流れです。そういう二つの流れが、深い危機感に基づく形で政治や行政、そして大企業の側から、解決策として打ち出されています。

例えば教育の現場では、いま以上にいっそう教育の自由化という名で競争をあおり、差別するシステムを持ち込んでいます。規制緩和とか自由化という名目でどんどん競争をあおっていく。あるいは福祉の分野でも、市場原理に任せるという名目で、福祉行政をどんどん縮小し撤退して、いわば経済効率主義に基づき民間企業に福祉行政を委ねていく。この流れは、いま申しましたように自由化、市場化、あるいは自己責任というようなものを使いながら、競争をあおり、結局は強者が生き残り、弱者が社会的に陶汰されていくシステムを作っていこうとするものです。陶汰されたくなければ強者になるよりほかはないわけです。しかし、実は先ほど申しましたような危機的な状況は、利潤を効率的に求める余り家庭や地域や職場で生きている人間を大事にしようとしない、むしろ使い捨て主義的な競争主義から生まれたのです。ところが、それでもまだ足りない。競争主義をもっと強化し、競争に敗れたものを弱者として切り捨て排除することによって危機を突破していこう、というのです。これが第一の流れです。

もう一つの取り締まり強化のほうも、非常に大きな流れになっています。これは、例えば児童虐待、ストーカー、ドメスティック・バイオレンス、少年非行、その他さまざまな社会問題が起こるたびに、警察力を強め、取り締まりと刑罰を強化することによってこれらに対処し、人間社会の崩壊を防いでいこうというのです。そのときに柱として使われる考え方も自己責任です。つまりそういう競争から落ちこぼれて非行や犯罪に走った者は、その結果を自分の責任として引き受けなければならないというのです。ですから競争主義と取り締まり強化というのは、実はメダルの表と裏のような関係にあるのです。自己責任ということを媒介にして、メダルの表と裏のような関係に置かれているのです。

こういう解決の方策がいま私たちのまわりでうずまき、とうとうとした大きな流れになってきていることに改めて気がつきます。こういう流れは、犠牲者を沢山生み出すわけですから、そんな血なまぐさい解決に進んで賛成しようとする人は、よほど自分が強い者だと思っている人以外はいないでしょう。そうであるだけに、相当強い権力を作りあげて、一気にそういう方向に日本の社会を持っていこうという動きが、力の強い者によってまきおこされ、それがとうとうとして日本の社会を覆いつつあるわけです。

しかし、問題は、果たしてそれが人間らしい生活を求める私たちの願いに添うものであろうか、いまの社会的危機状況を本当に解決するものであろうか、ということです。私は決してそうではないと思う。むしろ逆に危機を深めていくのではないか。このことを考えるうえで、私は歴史に学んでみたいと思うのですが、その前に、なぜこのような競争と取り締まりの強化というワンセットの解決方向に疑問を感ずるかについて、もう少し述べておきたいと思います。

まずこの競争や弱者陶汰、弱者を切り捨てていく方向は、人間社会に必要な、人間的な社会的連帯をぶつぶつに切り離し、一人ひとりを孤立させていきます。そういう状況は、まさに人間が人間としてあるために一番必要な連帯と共存、お互いに人間らしさを認め合うという人間社会の基礎を掘り崩していくことになります。

また取り締まり強化に疑問を感ずるのはなぜかというと、この力に頼って身の回りに起きているさまざまな問題を解決していくというやり方は、たしかに一時的には問題を解決した形をとります。少年非行にせよ、児童虐待にせよ、ドメスティック・バイオレンスにせよ、さまざまな逸脱行為の問題は、取り締まりを強化することによって一時的には解決するかに見えます。しかし実際にはそれだけでは問題は解決しない。それどころか、むしろ逆に悪化していくというのが現実なのです。これはある意味では当然です。児童虐待にせよ、少年非行にせよ、先ほど申したような学者、家庭裁判所の調査官、あるいはジャーナリストの観察が正しいとするならば、それらは非常に深い根を持った問題ですから、刑罰や取り締まりによって力づくで解決することは到底できない、ということは明らかだからです。それどころか社会や人間のあり方を歪め、逆に解決を困難にするものではないかと考えます。

歴史に学ぶ

そういう問題意識を持ちながら、私は「歴史に学ぶ」ということを考えてみたいと思います。こういう危機的状況の中で、先ほど申しましたような解決方向には疑問があり未来がないとするならば、私たちは絶望するよりほかないのだろうか。いや、そうではないのではないかという思いを持ちながら、「歴史に学ぶ」ということをお話してみたい。

歴史というものは、改めて言うまでもなく、人間が、しかもいろいろな人々が思索し、実践したことの一つひとつの積み重ねが、時間というフィルターにかけられながら、人間全体の共通の記憶、体験として残ってきたものです。ですから「歴史に学ぶ」ということは、その意味で過去の人々が考えた人間の思索、実践に学ぶということ、しかもその一番質のいい部分に学ぶということにほかならないと思います。

私たちは、先ほど申しましたように、いまさまざまな問題に直面しているわけですが、どのような方向で、どのような理念や思想に依拠しながら、いま身の回りに押し寄せている問題に立ち向かうべきなのか。そういう意識で歴史を眺めてみる場合に、参考になるものとして多くの人々が共感を持てる基本的文書をいくつか発見することができるように思います。その中でも一九四八年、つまり第二次世界大戦が終わってまもなく、国際連合で採択された世界人権宣言という文書は、歴史の産み出した最高の思想的文書の一つではないかと思います。

この世界人権宣言というものが日本国憲法とほとんど同じような考え方でできていることはあとで申すとおりなのですが、前文の始めのところを少しご紹介してみますと、こういう書き出しで始まっています。「人類社会のすべての構成員の固有の尊厳と平等で譲ることのできない権利とを承認することは、世界における自由、正義及び平和の基礎である」「人権の無視及び軽侮が、人類の良心を踏みにじった野蛮行為をもたらし(た)」「言論及び信仰の自由が受けられ、恐怖および欠乏のない世界の到来が、一般の人々の最高の願望として宣言された」――こういう書き出しで前文が書かれています。この世界人権宣言は全部で三〇箇条ありますが、どういう人権を持つかということについて、非常に行き届いた条文を掲げています。

日本の憲法は、実はこの世界人権宣言に先立って作られています。世界人権宣言は一九四八年ですが、日本の憲法は一九四六年に作られています。その意味では日本国憲法のほうが、人権宣言に先立つ先駆的な意味を持っているのですが、考え方はほとんどまったくといっていいほど同じです。日本国憲法は皆さんも何度かお読みになったことがあると思うのですが、改めていまの混迷の状況の中で読み返してみますと、すうっと目からうろこが落ち、光が見えてくるような思いを抱かせます。

特に前文では、第一に、自分たちは再び戦争の惨禍が起こることのないように決意して、主権在民を定める。国の政治は国民の厳粛な信託によるものであって、その権威は国民に由来する。そしてその福利は国民がこれを受ける。これは人類普遍の原理であって、この憲法はこういう原理に基づいている、と述べて国民主権の考え方を非常に強調しています。

第二に、恒久の平和を念願するということをうたっています。平和を愛する諸国民の公正と信義に信頼して、安全と生存を保持しようと決意した。全世界の国民が等しく恐怖と欠乏、ファシズムの恐怖と貧困から免れて、平和のうちに生存する権利を有することを確認する、と宣言しています。そして人権については、世界人権宣言とほとんど同じような条文を、世界人権宣言に先立って打ち出しているわけです。

私は世界人権宣言および日本国憲法は、二〇世紀前半までの人間社会の英知、知恵の歴史的な結晶だと思います。この二つの文書は、二〇世紀前半を覆ったファシズム、戦争、侵略、植民地支配、貧困といったものをどうやって克服し未来を築いていくのかという課題について、ファシズムに対しては民主主義と基本的人権を、侵略や支配に対しては平和主義を、貧困に対しては福祉という理念を高々と掲げ、これらにこそ解決の糸口があることを示したのでした。しかもここで私が強調しておきたいと思いますのは、日本国憲法のほうがむしろ優れていることです。世界人権宣言にはなく日本国憲法にあるものは何かといえば、実は第九条なのです。戦争放棄を定めているのは日本国憲法だけです。その意味で日本国憲法は思想的にも世界人権宣言以上に一貫し、徹底したものなのです。こういう優れたものが、二〇世紀前半までの人間社会の営みの結晶として生まれたということ、しかもそれが日本で結晶したということの素晴らしさを、私は改めてここで強調しておきたいと思います。

この日本国憲法に従って、一九四〇年代から五〇年代にかけて、次々にいろいろな法律が作られてきました。教育、福祉に関連する分野、特に教育に関連する分野では、ご承知のように一九四七年には教育基本法が作られます。この教育基本法も大変に優れた法律です。私は今回改めてこれを読み返して、本当に感動しました。その前文の教育の目的は何かということについて、教育基本法は、われらは個人の尊厳を重んじ、真理と平和を希求する人間の育成を期する。豊かな文化の創造をめざす教育を普及徹底しなければならない。そういうことを述べた上で、第一条の教育の目的として、人格の完成をめざし、真理と正義を愛すること、個人の価値をたっとび、勤労と責任を重んずること、自主的精神に充ちた心身ともに健康な国民の育成を期することをうたっています。また第二条の教育の方針として、学問の自由を尊重し、実際生活に即し、自発的精神を養い、自他の敬愛と協力によって、文化の創造と発展に貢献することをうたい、さらに教育の機会均等、義務教育無償、男女共学、教員の身分尊重、その待遇の適正、教育行政に対する不当な支配を否定するということを、高らかにうたっているのです。

同じような思想で作られた法律に一九四七年の児童福祉法があり、さらには一九五一年には児童憲章も作られています。児童福祉法は、「すべて国民は、児童が心身ともに健やかに生まれ、且つ、育成されるよう努めなければならないこと」「すべて児童は、ひとしくその生活を保障され、愛護されなければならない」ことをうたっています。また児童憲章は、次のように子どもの尊重・愛育をうたっています。その全文を掲げておきます。これは本当にすばらしい憲章です。

児童憲章（一九五一年五月五日）

われわれは、日本国憲法の精神にしたがい、児童に対する正しい観念を確立し、すべての児童の幸福をはかるために、この憲章を定める。

児童は、人として尊ばれる。
児童は、社会の一員として重んぜられる。
児童は、よい環境のなかで育てられる。

一　すべての児童は、心身ともに、健やかにうまれ、育てられ、その生活を保障される。

二　すべての児童は、家庭で、正しい愛情と知識と技術をもって育てられ、家庭に恵まれない児童には、これにかわる環境が与えられる。
三　すべての児童は、適当な栄養と住居と被服が与えられ、また、疾病と災害からまもられる。
四　すべての児童は、個性と能力に応じて教育され、社会の一員としての責任を自主的に果たすように、みちびかれる。
五　すべての児童は、自然を愛し、科学と芸術を尊ぶように、みちびかれ、また、道徳的心情がつちかわれる。
六　すべての児童は、就学のみちを確保され、また、十分に整った教育の施設を用意される。
七　すべての児童は、職業訓練を受ける機会が与えられる。
八　すべての児童は、その労働において、心身の発達が阻害されず、教育を受ける機会が失われず、また、児童としての生活がさまたげられないように、十分保護される。
九　すべての児童は、よい遊び場と文化財を用意され、わるい環境からまもられる。
一〇　すべての児童は、虐待、酷使、放任その他不当な取扱いからまもられる。あやまちをおかした児童は、適切に保護指導される。
一一　すべての児童は、身体が不自由な場合、または精神の機能が不十分な場合に、適切な治療と教育と保護が与えられる。

一二　すべての児童は、愛とまことによって結ばれ、よい国民として人類の平和と文化に貢献するように、みちびかれる。

福祉、教育こそ未来であり希望であり光である。これこそが、教育基本法をはじめとする法律が日本国憲法に立脚して打ち出した思想だったのです。国民、市民のレベルでは、この精神は立派に根づき生かされてきたと思いますが、しかし日本全体として見れば、不幸なことにこの精神がないがしろにされてきたという面が非常に強いと思います。特に経済効率主義あるいは大国主義的な流れの中で、一人ひとりの人間の正義と真理を愛する心を養い育てていくことを基調とした人間像追求および社会形成が、ともすればおろそかになってきたのではないか。これが現在の危機的な状況の根源になっているのではないかと思います。

そうだとすれば、私は根源を見すえ、原点に立ち返るべきだということを言いたいわけです。世界人権宣言や日本国憲法にこそ打開、解決の鍵が求められるべきであり、その打開のカギとなる最高の理念は、人間の尊厳、そして人間の連帯ということではないだろうか。人と人とが結びつき尊厳を守っていくという営みの中にこそ、打開の鍵があるということを、日本国憲法は私たちに示しているのではないかと考えます。

希望を語る

以上の点を踏まえながら、「希望を語る」という柱に入っていきたいと思います。私たちの求める「人間の尊厳を守り連帯を築く」営みは、すでにヨーロッパで始められています。実は昨年（二〇〇〇年）一二月に欧州連合（ＥＵ）の基本権憲章というものが採択されました。この基本権憲章がどういう内容を持っているかというと、第一条で真先に人間の尊厳をうたっています。人間の尊厳は不可侵である。そして第二条は、すべての人に生きる権利（生命に対する権利）があることを明記しています。第三条で、身体と精神との一体性を尊重される権利を保障しています。

そういう基本的な考え方の上に立って、例えば身体の自由と安全への権利、私生活、家族生活、住居、通信の尊重を受ける権利、個人情報の保護、婚姻し家族を形成する権利、思想・良心・信教の自由、表現・情報伝達・集会結社の自由、芸術・科学・教育の自由、あらゆる差別の禁止、すべての分野での男女の平等、こどもが保護と配慮とを受ける権利、高齢者が尊厳のある自立した生活を営み社会的・文化的生活に参加する権利、障害者が自立、社会的・職業上の統合、共同生活への参加を確保するように意図された措置から便益を受ける権利、などをうたい、さらに連帯をうたっています。

この連帯とはどういう具体的内容を持っているかといいますと、労働者への情報と協議の保障、労働者が団体として労働協約を結ぶ権利、ストを含む団体行動の権利、不当解雇から保障される権利、健康と安全と尊厳とを尊重する労働条件を享有する権利、最長労働時間の制限や有給休暇への権利、妊娠を理由にした解雇からの保護に対する権利、家族の保護、家庭と職業生活の調和、有給出産休暇、社会保障、社会扶助、環境保護、消費者保護など、そういったものを保障するという内容になっています。

この欧州連合基本権憲章を貫いている考え方は、人間というものは、生まれてから高齢者になって死ぬまで、いずれの面においても人間として尊重される権利を保障されなければならないこと、そのためには連帯しなければならず、連帯する権利が保障されなければならないということであり、この考え方で貫かれているのです。

このような憲章は、条約ではなくて憲章というレベルにとどまってはいますが、私たちが日本の社会の中で悪戦苦闘しながらどこに解決の方向を求めていくべきかと探しあぐねているときに、日本国憲法とともに、私たちの行く手を指し示す光であると私は思います。これはまさに日本国憲法の、現代におけるヨーロッパ版ともいうべきものではないかと思う。

私たちは憲法に依拠しながら、これまでさまざまな分野で、人間らしい生活を求める営みを一所懸命繰り返してまいりました。育児・保育・教育をはじめとして、いろいろな分野で懸命の営みを続けてきたわけですが、そのような実践と思索は、突き詰めていけば、欧州連合基本権憲章と方向を全く同じくするのではないでしょうか。そして改めて日本国憲法に立ち返って考えてみれば、日本国憲法がすでにその道を用意している、その方向を示しているということに気づきます。とするならば、私たちは自覚的に、日本国憲法をいまのこの時点で、二一世紀の憲法として改めて選び取るということが必要ではないかと考えます。

それではそのような営みに果たして希望があるだろうか。これが最後の問題です。私たちが仮にそのように考えたとしても、それを支える担い手、社会的な基礎が、日本の社会にないとすれば希望はもてませんが、果たしてまだ残っているだろうか。その意味で私たちのそういう方向性の追求の営みには、希望が果たしてあるだろうか。

ここで私は一つのデータを皆さんにご紹介したいと思います。実は今年（二〇〇一年）の憲法記念日にこういう記事が載っていました（『朝日新聞』）。二五道府県の高校生九二〇〇人について憲法意識の調査が行われました。これは昨年一〇月、日本高等学校教職員組合が行った調査です。見出しはこうなっています。「戦争放棄」削除反対四九％。私はこの調査結果に大変興味を持ちまして、その詳しい結果を手に入れるように努めました。幸いにも手に入りまして、いまここに持ってきています。これを見ますと、現在高等学校で学んでいる人たちがどういう憲法意識、社会意識を持っているかということを、もう少し詳しく知ることができます。第九条については先ほど申しましたように、戦争放棄削除に半数が反対している。

しかもそれだけではなくて、例えばこういう設問があります。新ガイドライン、これは少し説明が要るかもしれませんが、日本の周辺でアメリカが戦争を起こしたときに、日本がアメリカに軍事協力すべきかどうかという質問については、話し合いによる解決を求めるという数が圧倒的に多いのです。七割から八割近くの高校生が、平和的な解決でいくべきだという意見を述べています。それから徴兵制に賛成かという質問に対しては、八割の人たちが反対であると述べています。また日本は非核三原則、つまり「核をつくらない、持たない、持ち込ませない」という核に頼らない政策を、いまでもまだ表向きは取っているのですが、これについても賛成だという人が八割五分以上なのです。要するに高校生の平和意識は非常に強いものがあると思います。

基本的人権というところでも、例えば思想・良心の自由や差別の問題についても、非常に強い関心を示しています。さらに社会権や福祉に対する関心も非常に高く、現状はどうなっていると思うかという質問に対しては、不十分だと答えている人が半数以上を占めているのです。

つまり高校生たちの目は、現実を非常にリアルに見ており、しかも憲法の指し示す方向を自らの手で探し求めている。そしてそれをつかみつつある、あるいはつかんでいるということが、この調査結果を読んでいますと、非常によくわかります。私はこの調査結果を見まして、改めてこの日本国憲法に、現在の混迷する危機的状況を解決するカギを求めようとする営みには、現実的な社会的基礎があり、そこに希望があるということを実感いたしました。

私たちはいま混迷する時代の中にあって、どう解決していくかを考えるときに、やはり原点に立ち返って、人権、民主、平和、福祉、連帯という基本的な価値を見失うことなく、解決方策を模索すべきなのです。いたずらに競争をあおり、弱者を切り捨てることには、未来もなければ希望もない。そのことを、歴史的結晶である日本国憲法、およびそれを踏まえた日本国内外の人々の営みが実証していると考えます。私たちがそういう道を自覚的に選び取るかどうか。まさに現代は、その意味では岐路に立っていると思います。ここに未来がかかっていると思う。

私は教師ですので、ときどき学生にいろいろなことを言うのですが、教育とは希望を語ることだという、ある詩人の言葉があります。二〇世紀のフランスの詩人アラゴンの詩の一節です。「教えるとは希望を語ること、学ぶとは誠実を胸に刻むこと」——私はこの言葉が好きで、学生にもよく紹介するのですが、この言葉に託しながら改めてここで述べたいと思いますのは、保育も含めてですが、教育とは希望を語り、希望を育てることだ、ということです。

希望を語るためには、私たちは本当に賢くなければなりません。いま私たちは岐路に立っていますが、それにつけても、賢い選択をしなければなりません。もし選択を誤りますと、私たちはもはや希望を語ることができなくなってしまいます。

私たちの目の前、皆さんの目の前には、その希望を語りかける対象がたくさんいます。小さい子どもからはじまって大学生に至るまで、私たちが希望を語ればそれにこたえる人たちが沢山いる。このことは日本社会の宝です。こういう宝を大切に育てながら、ともに未来に向けてがんばっていきたいと考えます。

時間が一時間と限られていましたので、大変お話に飛ぶところが多くて、お聞き苦しい点があったかと思いますが、これで話を終わらせていただきます。

Ⅱ　改憲に抗して

改憲と有事立法に抗し憲法を選び取る［1999～2002］

一九九九年、悪法の夏――わたしは希望を捨てない――

『世界』六六八号（一九九九年一一月）に掲載。原題は「運動的連関の再構成を」。

この夏、君が代・日の丸法制化、盗聴立法、国民総背番号制、ガイドライン法、地方分権法、省庁再編法、そして憲法調査会法など、一連の「悪法」が、数合わせの政治力学のもとに、一気に強引に可決され成立した。この事態は、一種の「クーデター」と呼ぶに値すると私は思う。それは、目的や内容の面でも手段・手口の面でも、暴力的様相の濃い権力拡大強化であったからである。

その本質を最もよく示しているのが盗聴法である。いま私は盗聴立法に関する衆・参両院の法務委員会の議事録をつぶさに読んでいるが、その無内容、ずさんさに驚いている。政府、与党側は、法律上の重大な疑問や運用上の恐るべき危険性について、野党側の追及に対しまともに答えようとしていないのである。

例えば、インターネット通信について、無関係会話排除のための予備的盗聴（該当性判断盗聴）

の制度は全く役に立たないとの度々の指摘に対し、法務省刑事局長は「電子メールの場合は全体を一旦傍受してから印字・表示して選別する」という答弁をくり返している（参議院法務委員会会議録一八号三〇頁など）。これでは無差別盗聴を丸ごと認めるに等しく、該当性判断盗聴手続の存在意義はゼロとなるのに、平然としてそう答えて憚らない。一事が万事この調子であり、揚句の果ての自自公三党の数頼みの暴力的な委員会採決であったのである。

このようなクーデター的手法は、非常事態の発生時ないし緊迫的における非常事態立法、憲法停止、戒厳体制樹立のミニチュア的予行版を思わせる。事態はここまできているのである。

しかも、このような権力の暴走傾向に対し制度的歯止めとなるべき司法も、実は改造されようとしている。いま内閣直属の司法制度改革審議会が、「市民の使い勝手のよい司法へ」などの受けの良いスローガンを掲げ、司法の全面的改革に向けマスタープラン作りを始めている。ところがそのねらいは、「大企業・財界に奉仕する司法」「警察・検察を補強する司法」「立法・行政に追随する司法」への大改造であり、司法の独立性と人権擁護性を骨抜きにするための改革なのである。

そういう問題意識をもって改めて振り返ってみれば、「政治腐敗根絶のための政治改革」なるものは、国会の総与党化・空洞化の進行をもたらし、「官僚支配打破・民間活力増大のための行政改革」なるものは福祉・生活関連行政切捨てと警察・軍事国家体制強化とをもたらし、「自由競争・自己責任の社会システム作りのための規制緩和」なるものは〝弱肉強食〟、リストラ、大企業支配の強化をもたらしている。そしてこのような統治・支配構造の改革は、司法改革及び憲法改正によってひとまず完成をみることになるのである。

だが、私たちは、このような動きを「時代の流れ」として座視してよいのだろうか。私は、人間の尊厳と基本的人権の名において、そしてまた憲法と民主主義の名において、この流れに対し異議を申し立て、批判し、これを阻止したいと思う。

しかし、果たしてそれは可能だろうか。私はこの疑問に対し、敢えて可能だと断言したい。その可能性は、今回の一連の「悪法」に対する批判的世論と反対運動の拡がりが何よりもよく示しているのであり、この現実から私たちは教訓を学びとらなければならない。

・権力側のくり出す権力的統治政策とそのイデオロギーの本質をいち早く見抜き、その巧妙なワナを解析し、その実体を批判する良心的学者・知識人の理論的作業。
・この作業の重要性を素早く理解し、一般市民にわかりやすい形にして広く伝達する啓蒙的ジャーナリズムの活動。
・思想・信条を超え、連帯して人権、平和、民主主義の根幹を守る良識的市民の運動。これらの動きを基礎とする幅広い民主的党派の政治活動。

私たちは、数々の欠陥や弱点を持ちつつも戦後五〇年間存在し続け、現実的力能を未だ失っていないこの運動的連関を、いま改めて確認しつつ、若い人々の心にも届く新しいスタイルを、理論面でも運動面でも工夫して生み出し再構成していかなければならない。ここにこそ展望があるからである。

私も澤地久枝さんと共にいおう。「わたしは希望を捨てない」(『赤旗』八月二九日)、と。

憲法擁護の現代的意義

二〇〇一年四月一六日、仙台において開かれた衆議院憲法調査会地方公聴会における参考人意見陳述の原稿。『法と民主主義』三五八号（二〇〇一年五月）にも掲載。

私はこれまで三十数年間、刑事訴訟法や司法制度論を中心に研究し、それとの関わりにおいて人権及び憲法のあり方についても考察を重ねてきました。

本日（二〇〇一年四月一六日）は、そういう立場から意見を述べることと致します。

今日述べたいことは三点です。第一は、憲法調査のあり方についてです。第二は、憲法の思想的・理念的構造の体系的一貫性についてです。第三は、憲法の現実的機能・役割と憲法擁護の現代的意義についてです。

一　憲法調査のあり方について

私が述べたい第一は、今回国会内に設けられた憲法調査会は、憲法尊重、憲法擁護の観点に立って調査すべきだということです。調査会の規程によれば、貴調査会は「日本国憲法について広範かつ総合的に調査を行う」ことを任務としています。しかし、これでは、何のために、憲法の何について、なぜ中立的調査機関でなく国会（議院）が調査するのか、全く不明確です。会議録等によれば、〝国内・国際情勢の変動・変貌があり、国家の基本的枠組や国家像について議論が必要になった〟とする意見にリードされる形で調査が進められているようです。これは、憲法の抜本的改正をめざす意図、目的に基づくものと受け取らざるを得ません。しかし、国会議員には憲法九九条により憲法尊重・擁護義務があり、調査活動といえどもこの義務の枠内にとどまるべきものです。

しかも会議録によれば、右の意見は、〝憲法の人権尊重、主権在民、侵略国家否定という理念は堅持するという前提に立つ〟というのです。つまり憲法的国家像は堅持するというわけです。これは憲法擁護義務がある以上当然です。そうだとすれば、憲法調査会は、何よりもまず「制定過程」や「二一世紀の日本のあるべき姿＝国家像」の調査ではなく、憲法の定着、貫徹、確立の状態を、国民の人権と生活・福祉の観点に立って調査し、もし憲法の未定着、未貫徹、未確立や憲法との乖離の状態があるのであれば、その原因と対応策を検討すべきです。

私は、今後貴調査会がこの立場に立って調査するよう希望するものです。

二　憲法の思想的・理念的構造の体系的一貫性について

第二に、憲法は思想的・理念的構造の体系的一貫性において極めて優れているということです。

このことは、憲法の前文によく表われています。

御存知のように、前文は、まず主権在民、国民主権を宣言し、国政は国民の信託によることを明らかにするとともに、それが諸国民との協和、自由の確保、戦争防止の決意に基づくことを表明しています。次いで前文は、「平和を愛する諸国民の公正と信義」に、国民の安全と生存の確保を委ねる決意を表明するとともに、「恐怖と欠乏から免かれ、平和のうちに生存する権利」を持つことを確認しています。ここでいう「恐怖」とは圧制・ファシズムを意味し、「欠乏」とは貧困を意味しています。

このように、憲法は、国民主権、民主主義（立憲民主主義）、自由、平和、福祉が相互規定的、相互依存的な一体関係にあるとする思想・理念を表明しており、この点で極めて体系的一貫性のある思想・理念に基づいているのです。

しかも憲法は、国民主権、民主主義、自由、平和、福祉の何れについても、その保障に向けかなり徹底した規定を置いています。例えば平和主義貫徹のための戦争放棄、戦力不保持、交戦権否認を定めています。また個人の尊厳を中核とする自由権、とくに思想、良心、表現、信教、学問の自由についてその絶対性を保障しています。さらに国に対し福祉保障を義務化しています。そしてさらに行政権の強大化への抑制システムとして、議院内閣制、司法への行政裁判権付与、違憲審査権付与などを行っています。この違憲審査権は国会の立法権をも抑制するものです。

私は、このような体系的一貫性とその徹底性は世界的にみても例がなく、ここにこそわが国の憲法の優れた点があると考えます。

つまり、憲法は人類の歴史的体験や実践と思索との最も良質のものを取り入れて体系化しており、そのため日本国民は勿論のこと、他国の人々にも深い感銘を与え、今日に至る迄強くインスパイアしてきたのです。このことは、戦後の憲法擁護運動の歴史とその役割をみればよく分かります。

このように、憲法が、個々の規定もさることながら、個々の規定の文言を超え、国民の憲法的意識と思考を深いものにし、人権概念を豊かなものに発展させ、現実に次々に起きている様々な困難な問題、例えば環境問題、地域紛争問題などへの対処方法に関する理性的な指針をゆるぎなく与え続けてきたのは、この体系的一貫性と徹底性とによるものだと私は考えます。

三　憲法の現実的機能と憲法擁護の現代的意義について

最後に私は、憲法は、極めて優れた国家・社会像の形成、維持、確立に向け現実的機能を発揮していること、これからも発揮し得ること、従って憲法擁護こそ私たちの任務であることを指摘したいと思います。憲法は、国民主権、民主主義、基本的人権、平和主義、福祉の理念を体系的に提示し規定化することにより、あるべき国家・社会像を提示しています。それは、民主国家、人権国家、平和国家、福祉国家という国家像とこれに沿う社会像です。

ところが二〇世紀末葉から、地域紛争の続発、グローバリズムや市場原理の拡大、さらには環境悪化の深刻化など、対応の困難な問題が続発し、又その一方ではわが国の政治、行政、そして経済の状態は混乱、腐敗の様相を強めています。

この状況下にあって、九条改正による戦力保持と海外派兵、行政権の強化をめざす首相公選制の導入、環境権などの新しい人権規定の新設を主な内容とする憲法改正にその打開策を求めようとする動きが次第に強まりつつあります。

しかし、国民主権、民主主義、人権、平和、福祉という思想的・理念的構造の体系的一貫性と徹底性とを持つ憲法は、実はこれらの問題についても理性的に対処する際に必要な枠組ないし指針となるべきものを用意しています。地域的紛争については平和的手段に基づく国際貢献による平和的解決の追求を、グローバリズムや市場原理の進出・拡大による「弱者淘汰」に対しては福祉、社会保障、生存権保障の強化による弱者救済を、環境悪化に対しては憲法一三条の生命、自由、幸福追求の権利及び憲法二五条の生存権による防止・救済を、そして政治や行政の混乱・腐敗に対しては国民主権原理に基づく民主化の徹底を、対応の枠組ないし指針として立派に用意しているのです。

九条改正による軍隊保有及び海外派兵や、首相公選制導入による行政権の集中・強化は、憲法のすぐれた体系的一貫性、徹底性を破壊し、憲法の生命力を衰退させるだけでなく、かえって国際的地域紛争の解決を妨げたり、政治・行政の権力集中、肥大化、独裁化をもたらすおそれがあります。

私たち国民は、今こそ憲法のすぐれた理念的・思想的価値を再確認し、憲法が現実に果たしている人権保障、民主主義発展、平和維持、福祉充実の機能についての認識を深め、憲法の擁護と発展に向け力をつくすべきだと私は考えます。

貴調査会もこの動きの一翼を担うことを希望しつつ、私の陳述を終わります。

日本国憲法を自覚的に選び取る

『非核の政府を求める会ニュース』一五九号（二〇〇一年五月一五日）に掲載。

憲法擁護義務に抵触

衆参両院の憲法調査会や小泉純一郎首相の改憲発言などをきっかけとして、改憲派が勢いづいている。

しかし、よく考えてみれば、小泉首相や改憲派国会議員の動きは、大臣や国会議員としてあるまじき違憲の活動であり発言である。そもそも彼らは「この憲法を尊重し擁護する義務」を負っているからである（憲法九九条）。

彼らには、憲法を貶めてその理念を変える改憲を唱導することは許されない。もしそうしたいのであれば、首相や国会議員の職を辞さなければならない。

もっとも国会には憲法改正の発議権がある。しかし、この権限は、憲法の理念に副いこれを充実・発展させるためのものであり、憲法尊重擁護義務に抵触しない限りでのものである。このような基本的なことをわきまえない改憲言動は苦々しい限りであり、その違憲性を厳しく追及する必要を強く感じる。

首相公選制は全面改憲への突破口

小泉首相は、憲法九条はそのままとして集団的自衛権の合憲化を解釈に委ね、まずは首相公選制に明文改憲のターゲットを絞るポーズを示している。

しかし、集団的自衛権の合憲化を解釈改憲で実現することは、法理上不可能である。しかも、それは、法的には勿論のこと、政治的にも国内外に不安定状態を作り出す。

それだけではない。集団的自衛権を行使しアメリカと共同して海外派兵するための国家総動員体制をつくる上で、首相権限の強化だけでなく、基本的人権に制約をかけ、国会を空洞化し、司法の独立を否定し、学問、教育、言論の自由を奪い、警察権限を強め、国民を監視統制することが必要不可欠である。

そうである以上、彼らにとって障害となる憲法は、全面的に変えなければならない。ところが、首相公選制に絞った改憲は、全面改憲へのチャンスを潰すかもしれないのである。

そう考えてくると、首相公選制に絞った小泉首相の改憲発言が、全面改憲への突破口をつくりだそうとするめくらまし戦術的なものであることがよくわかる。

社会のすみずみに憲法を生かすことこそ

私たちは、このたくらみの危険性を見抜き暴露しなければならない。そして、非武装・非核・平和の憲法、国民主権の憲法、自由・人権の憲法、福祉・連帯の憲法こそ、一人ひとりにとってかけがえのない人間的尊厳と社会連帯とを保障することを、自信をもって主張し、世論にしていかなければならない。

憲法にこそ、二一世紀の人類が選択すべき人間像、社会像、国家像がある。このことを、私たちは歴史と現実とを踏まえ、理性と良心の名において、ひるむことなく主張し続けなければならない。

日本国憲法を自覚的に選び取り、社会のすみずみに生かし、二一世紀の憲法たらしめること――これこそ私たちに課せられている世界史的課題なのである。

有事立法は違憲であり、不要・有害である

二〇〇二年六月五日、仙台において開かれた武力攻撃事態への対処に関する衆議院特別委員会地方公聴会（仙台）における参考人意見陳述の原稿

一　意見陳述の前提と視点

（1）法案審議の現状と意見陳述の意味

現在、有事法案は継続審議ないし廃案の方向に向かっているとも伝えられています。この重大な局面に当たり、地方公聴会において意見陳述することが一定の意味を持つためには、委員の皆さんが、法案及びその審議を白紙の状態に戻し、有事立法の要否、当否、その憲法適合性について根本的に検討し直す姿勢を持つことが、大前提として存在しなければなりません。

（2）この点を強く期待しつつ、憲法、歴史、現実の三つの観点から、今回の有事立法について意見を陳述します。

二　有事立法と憲法

（1）　憲法の視点からまず指摘すべきことは、有事法案が武力主義的発想と本質とを持っていることです。単なる「おそれ」や「予測」の段階をも含む「武力攻撃事態」なるものを設定し、武力行使でもってこれに対応すべく、「挙国一致」の体制づくりを図る有事法案は、「武力攻撃には武力攻撃を」という武力主義的発想と本質で貫かれています。

しかし、憲法は、「平和を愛する諸国民の公正と信義に信頼して、われらの安全と生存を保持しようと決意」して戦争と武力行使とを永久に放棄し、戦力不保持と交戦権否認とを定め、武力主義的な対応をはっきり否定しています。この点で有事法案は既に違憲との批判を免れません。

（2）　第二に指摘すべきは、有事法案が周辺事態法とあいまって「攻撃的」な日米共同武力行使システムを作り上げている点です。有事法案は、単にわが国の領域内の一般国民に対し、武力攻撃が現実に加えられ被害が発生した場合だけでなく、公海や他国の領域内で、周辺事態法に基づき後方支援活動を展開する自衛隊に対し、武力攻撃が実行ないし予測される場合をも「武力攻撃事態」として捉え、これに日米が共同で武力対処するシステムを用意しているからです。

このシステムは、憲法が採用する集団的自衛権否認の法理、原則に反するものですが、加えて指摘すべきはその「攻撃的性格」です。「予測」の段階で武力行使体制を組み、相手方の攻撃着手と同時に武力行使に移るのを認めることは、自衛隊に「先制攻撃」に出ることすら認めることに、事実上は限りなく近づくからです。しかも、「おそれ」や「予測」についての客観的な判断基準は用意されておらず、一方的な軍事情報に基づき恣意的な判断が行われる危険が大です。

（3） 第三に指摘すべきは、有事法案は首相に非常権限を集中して独裁的なシステムを作り上げており、これにより、議会制民主主義が形骸化することです。とくに問題なのは、有事法案により防衛出動の国会事前承認の原則性が崩され、首相が緊急の必要ありと認めさえすれば国会の承認なしに自由に防衛出動できることです。

また、地方公共団体に対し、首相は指示権や直接的な実施権を持ちますが、これは地方自治の原則を無視するものです

（4） 第四に指摘すべきは、有事法案の反人権性です。自衛隊及び在日米軍の行動の円滑化、効率化、自由化のため、国民生活に関連する広い分野で市民的自由や権利を制限し、物資保管命令違反などに対する刑罰さえも用意して、国民に協力を強制しています。しかも法案は今後この制限を拡大強化することをうたっており、「社会秩序の維持」のための取締強化さえ目論んでいます。

その反人権性は明らかです。

三　有事立法と歴史

（1） 次に歴史の観点から述べます。私たちは、近い過去に、自衛の名の下にアジア諸国に対する侵略戦争を行い、多数の民衆に対し大きな被害を与えると同時に、自らも核兵器の被害を蒙

るなどの悲惨、苛烈な戦争体験を持っています。
（2）　この体験を通じて私たちが学んだ歴史の教訓の第一は、「自衛戦争」なるものの虚構性です。
第二は「挙国一致」体制の兇暴なファシズム性と人権抑圧性であります。
（3）　この歴史の教訓に立脚し、日本国憲法は前述のように戦争放棄を定めましたが、それとともに、国家緊急権に関する規定を置くことを拒むことによって、有事立法否定の原則と思想を表明しました。
このような戦争体験と歴史の教訓、そして憲法の有事立法否定の原則と思想に深く学ぶとき、今回の有事法安の持つ危険な本質と実態は明らかです。悪しき歴史を絶対にくり返してはなりません。

四　有事法制と現実

次に現実的観点から有事法案の問題点を考えてみたいと思います。
（1）　第一に指摘すべきは、有事立法の前提となるべき「武力攻撃」発生の現実的リアリティが欠如していることです。その証拠に、一体どこの国がどのような原因・目的でわが国に武力攻撃を加えようとしているというのか、その蓋然性が果たしてあるのか、貴委員会の議事録をつぶさに読んでも一向にあきらかではありません。

それと同時に「武力攻撃事態」、とりわけ「予測事態」が、日米の軍事戦略に基づいて意図的、作為的に作り出される現実的危険が大きいこと、有事立法は国民をこの危険に積極的に巻き込むという恐るべき役割を果たすことを強く指摘したい。

（2）第二に指摘すべきは、有事立法が、日本の軍事戦略や軍事行動に対する世界各国、とりわけアジア・中近東諸国の警戒心を高め、国際緊張を激化させる危険のあることです。

（3）第三に指摘すべきは、常に有事に備える「平時の有事化＝非常時化」は、政治や外交のみならず、経済、労働、教育、文化をはじめとするあらゆる生活分野に「軍事の論理」の浸透と横行を許し、国民を警戒、監視、統制、動員するシステムを拡大強化し、人権制限を日常的レベルでも体制化、システム化していくことです。この状況は、人権と民主主義の危機というべきです。

この危機的状況の一端を示しているのが、昨今問題化している防衛庁個人情報リスト作成事件です。

（4）このようにして有事立法が作り出すのは、戦争の危険であり、人権と民主主義の危機であります。決して国民生活の平和と安全ではありません。

そうだとすれば、私たちが選択すべきは有事立法ではありません。「平和・民主・人権・福祉」の憲法理論に立脚する積極的な平和保障政策にこそ、現実的有効性と有用性があると私は考えます。

むすび

（1）有事三法案は違憲であり、不要、有害です。

（2）有事立法か、憲法か――この歴史的岐路に立ち、国会が大局的見地に立って賢明に対処し、この有事法案を廃案とするよう強く望むものです。

憲法、歴史、現実の三つの視点

法律時報増刊『憲法と有事法制』（二〇〇二年一二月）に掲載（一部省略）。

二〇〇二年六月五日、有事三法案に関する衆議院特別委員会の公聴会（於仙台）に於いて、私は反対意見を述べた。

意見陳述から五カ月——いま政府は、有事三法案に、「武力攻撃のおそれのある場合」を「武力攻撃が発生する明白な危険が切迫していると認められるに至った事態」に変えるなどの表現上の修正や、テロ・ゲリラ対処の明文化などの修正を施すとともに、「国民保護法制」の立法化構想を固めつつある。

その「構成（素案）」（二〇〇二年一〇月八日）や「輪郭」（同月二九日）などをみれば、「国民保護」の美名とは全く逆の、有事協力義務化、強制動員、強制収用のシステム化という危険な実体が浮かび上がってくる。

もともと有事立法とは軍事立法である。その「軍事の論理」からすれば、国民は、国家、行政、軍隊にとって保護対象である以前に、動員・徴発の対象であるが、実はそれに止まらず、潜在的な非協力分子、妨害分子、スパイ分子なのである。このことは、第二次大戦下の歴史的体験が何よりもリアルに教えている。

そうである以上、有事立法の実効性を保障する究極的装置は刑罰であり、警察権力、刑事司法である。現に「構成（素案）」や「輪郭」は、緊急物資保管命令違反、原子力関連施設被害防止措置命令違反、警戒区域立入制限違反等に対する処罰規定を自衛隊法に盛り込もうとしている。しかし、刑罰規定はこれらに止まらず、「社会秩序の維持」全般にもっと広く及ぶことになるだろう。

そういう目で改めて広く現実の動きを注意深くみれば、有事立法の「軍事の論理」が、既に有事立法に先立って教育・文化や治安をはじめとしてあらゆる分野に持ち込まれ、有事立法の受け皿作りが進行していることに気がつく。教育・文化の分野における社会的少数者の蔑視、選別、排除の思想や愛国心イデオロギーの注入。治安の分野における国民の監視、取締り、刑罰網の拡大（住基ネット、Nシステム、盗聴、メディア規制、心神喪失者処遇法案、共謀罪立法化案など）。

そしてこれらに加えて、いま進行中の司法改革もまた有事立法の受け皿作りの一環としての意味を帯びつつあることにも、警戒と批判が向けられなければならない。

司法改革の主な狙いと本質は、法曹の権力的一元化や権力層への包摂・取込みと、迅速かつ強権的な処罰・紛争処理システムの強化とにあるが、これは前述のような有事立法の脈絡の中では、有事司法の基盤作りの意味を持つのである。そして、このような現実的脈絡の中では、一見改善的にみえる裁判員制度ですら、刑事司法の強権化傾向を蔽い隠し、これに対する国民の警戒や批判を逸らせ、弱め、協力取付けのためのツール（道具）と化す危険が大きい。

有事立法に対する批判は、有事三法案のみならず、これとの連関性をもって進められている動きをも広く見据え、その本質を鋭く見抜くものでなければならないと思う。

改憲・有事立法と司法改革とは連動している［2001～2004］

「司法改革」は改憲への道

二〇〇一年九月二〇日、日本弁護士連合会講堂クレオにおいて開かれた「九・二〇司法改悪に反対する弁護士・学者・労働者・民衆の集い」（主催　憲法と人権の日弁連をめざす会）における講演。

戦争体制構築と司法

ご紹介いただきました小田中です。時間の制限もありますので、なるべく手短にお話をしたいと思います。今、高山俊吉さんからお話があったように、間もなく司法制度改革推進法なるものが、臨時国会に上程されようとしています。いよいよ司法改革の本質が、われわれの目の前に法案の形をとって、目に見える形で出てくるという重大な局面の中で、今日（二〇〇一年九月二〇日）このような大きな集会、しかも盛り沢山な企画がもたれたことに大きな意義があると考えます。

今日の新聞によりますと、いよいよアメリカのテロ報復攻撃というか、テロ報復戦争というか、そういうものに対する協力法案が、政府の中で固まってきているようであります。これは、日米ガイドライン法（周辺事態法）をはるかに超える形で、我が国をアメリカのテロ対策という名の戦争に巻き込み、自衛隊を参戦させようとする法案です。

しかし、こういう方向を追求する戦争勢力にとって根本的な矛盾がいくつかあります。その一つは、戦争を放棄し、武力行使を禁じ、戦力の不保持と交戦権の否認を定めている憲法九条のもとでは、自衛隊の軍事行動が許されないのは勿論のこと、特別裁判所設置を禁止している憲法七六条のもとでは、軍事裁判所、軍法会議を設けることもできないということです。

つまり軍事裁判所を持たない司法の下で、戦争体制をどれほど組めるかということは、彼ら戦争勢力にとって非常に大きなアキレス腱であり、その改変が大きな課題であるはずであります。そういうことも考えながら、これからの有事立法の動きのみならず司法の動きを見ていく必要があると思います。

このことも含め、今日私の言いたいことは、一九九〇年代中葉に始まった司法改革の動きが、空前のリストラ、そしてまた戦争体制構築の動きの中で押し進められようとしているということの持っている、現実的な意味を見抜く必要があるということであります。この点について歴史的視点を交えて話を進めたい。

天皇制司法から民主司法への転換

ご承知のように、明治憲法下の司法は、一口で言えばきわめて独立性の弱い天皇制司法、天皇制の統治・国民支配に奉仕する司法でありました。これに対し日本国憲法のもとにおいて作られた戦後司法というものは、基本的人権擁護ないしは民主主義擁護の府としての司法・裁判所というものに、理念的には転換したのであります。

この転換を実現するためには裁判官の独立が強く保障されなければならないということで、日本国憲法は「すべて裁判官は、その良心に従ひ、独立してその職権を行ひ、この憲法及び法律にのみ拘束される」という規定を高々と掲げたわけであります。つまり裁判官の独立の根拠、司法の独立の根拠を、国家の権力の、あるいは権限の単なる機能的な分担ではなくて、裁判官が市民社会の一員として持っている人間的あるいは市民的な良心にもとづく独立性、これによって基礎づけようとしたのであります。これに伴って、裁判官は強く独立性を基礎づけられ、また制度的にも独立を保障されました。また司法の一翼を担う弁護士に対しても、憲法上の明文の規定はありませんけれども、当然のこととして独立と自治が保障されたと考えられるのであります。

このように、戦後司法は、理念的にはすぐれたものであります。しかし、制度的には不十分な点を持っていました。そのもっとも端的な例は、法曹一元を制度化しなかったこと、および陪審制度の不採用であります。また、裁判官の戦争責任も、追及がほとんど行われませんでした。そういうことがあって、司法には不十分な点や戦前の残りかすが強く附着しておりました。

とはいえ、不十分な点を補い、残りかすを払拭し、新しい憲法の下で裁判官の独立と基本的人権擁護の理念を現実化していこうとする動きが始まります。この動きは一九五〇年代〜六〇年代に、裁判所内でも若い裁判官たちを主な担い手としながら、始まっていく。ところがこのような動きを抑え込むため、六〇年代には裁判官統制のシステムが徐々に作られます。

七〇年代に始まった司法反動の動き

これに追い打ちをかけたのが、一九七〇年代に始まった「司法反動」と呼ばれている動きであります。七〇年代に始まった「司法反動」は、裁判官の統制を、単なる事務的な統制を超えて、裁判官の思想・良心の統制にまで及ぼそうとした、そういう動きであったと思います。この動きをいわばオーソライズ（正当化）しようとしたのが、一九六〇年代の半ばに作られた臨時司法制度調査会意見書（一九六四年）でした。

このようにして六〇年代、七〇年代と、司法官僚制が強化されていく中で、裁判官は、そしてまた司法は、人権擁護の府としての実質を失い、人権抑圧の傾向を色濃く見せていくのであります。これが、一九七〇年代から八〇年代にかけて展開した、「司法反動」の中身であります。

それだけではなくて一九八〇年代に入りますと、裁判所はどんどん合理化され統廃合されます。ここで一つの数字をご紹介したいと思いますが、一九八〇年代に行われた簡易裁判所の統廃合（いわば一種のリストラです）を見てみますと、これによってそれまで五七五庁あった簡易裁判所が、四三八庁に激減しております。また地方裁判所・家庭裁判所の支部も統廃合にあいまして、二四二支部が二〇三支部と、これもまた大きくリストラされております。要するに地域から裁判所がなくなるという現象が進行したのです。これは単なる一つの例であります。

九〇年代司法改革の本質

このようにして、七〇年代〜八〇年代を通じて、裁判官は独立性と人権擁護機能を失い、そしてまたこれに加えて、裁判所が国民の周辺から姿を消していくという、そういう動きが生じたのであります。そして、この動きの上に立って、さらに制度的改革を打ち出したのが、今回の九〇年代における司法改革の動きであります。

財界をいわば旗頭とし、日弁連（日本弁護士連合会）をも巻き込んで、司法制度改革の動きが支配層の課題になっていったのは、九〇年代の中葉、一九九四、五年頃からです。経済同友会という財界団体がそのトップを切ったのですが、素早くこれに歩調を合わせて自民党が動き出し、また財界の総本山である経団連（日本経済団体連合会）なども動き出していきました。これは、七〇年代から八〇年代に進行した司法反動と司法合理化とを総合的に完成させ、戦後の民主司法を根本的に廃棄する動きだと思います。

人権擁護意識の解体

しかし、その手法は七〇年代、八〇年代とは大きく違っています。どういう点が違っているかと言えば、例えば民事司法について、司法ビジネス化の手法をとる、つまり民活的な手法であります。また裁判官の統制に代えて、法曹人口の拡大を軸としながら、法曹全体の意識の変革を狙う。そういう手法の違いがあるわけであります。

しかし、私たちは、この手法の違い、やり方の違いに目を惑わされてはなりません。司法制度改革の中心をなしている司法のビジネス化、あるいは民活化という手法は、形を変えた司法の合理化であり、人権保障という司法の本質の解体をめざすものであります。またこの裁判官の思想統制という形でおこなわれた七〇年代、八〇年代の司法支配の動きが、法曹全体の意識変革を通じて統制し支配するという動きになっているのであります。

ここに見られるのは、基本的人権擁護という法曹の任務意識の解体です。そういう本質は、七〇年代、八〇年代から九〇年代から受け継がれている。

それだけではありません。九〇年代に始まったいろいろな改革、政治改革、行政改革、規制緩和など、こういう動きのすべてが終局的に狙っているのは、基本的人権の抑え込みであり制限であり、民主主義的な政治システムの解体であります。こういう動きの中に、先ほど申したような司法制度改革というものがきっちりと位置づけられています。

以上のような歴史の流れの中で、司法制度改革を改めて見ますと、なぜ司法制度改革審議会の今回の最終意見書（二〇〇一年）が、「法の支配を血肉化する」という血生臭い表現を使いながら「権力的秩序の強化」をめざしているのか、また市民のためという口当たりのいい言葉を使いながら基本的人権擁護という司法の基本的な任務そのものを解体していこうとしているのか、ということを見抜くことができるように思うのであります。

司法独立の解体

私は司法制度改革審議会の意見書について、三点を特に指摘しておきたい。

第一点は、今回の司法制度改革審議会の最終意見書の基調は、「権力的秩序の強化」と「三権一体化」、つまり司法が国会や内閣の統治機能を補完し、三権が一体化する、そして司法権の中心的担い手である裁判官および弁護士の独立と自治を崩していくことにある、と捉えるべきだということです。要するに司法改革の中心的なテーマは、支配層にとっては、司法の独立性の解体であり、人権保障機能の剥奪なのであります。

第二点としては、この意見書は、法曹一元という、戦後改革がなしえなかったその改革課題にとどめを刺すとともに、陪審制要求についても、中途半端で弊害の多い「裁判員制度」なるものを作ることにより終止符を打つことにしたことであります。そして、司法官僚制の根本的改革という課題を、裁判官の人事制度や任用制度の多少の修正にすり替えようとしていることであります。

ここで私が注意を喚起しておきたいと思いますのは、この裁判官の人事制度や任用制度の修正というものは、決していい方向への修正ではないということであります。裁判官の任用や人事について、最終意見書は、民意を反映するとか、透明化するとか、客観化するとか、いろいろ述べておりますが、実際には、裁判官に関するあらゆる情報の収集、その情報にもとづく人事統制のいっそう巧妙な強化を狙っているのです。

現に裁判官に対する評価システム、つまり勤務評定、これは一九五〇年代の半ば頃から始まったものでありますけれども、この評価システムを今回の最終意見書は正式に制度化することをうたっています。「透明化、客観化」という名のもとに、です。しかし、裁判官は独立でなければならないという原理・原則からみるならば、このような評価システムの存在自体を許すことができません。ところが今回の最終意見書は、いわば闇に隠れて秘かにおこなわれていたこの制度を表に出して正式に制度化し、かつ先ほど申したように、「透明化、客観化」という名のもとに、もっともっと精密に行おうとしているのであります。裁判官制度と関連して、検察官と裁判官との人事交流も制度化しようとしていることに注意する必要があります。

第三に、弁護士自治の問題です。弁護士自治についても、この意見書は、その基盤・根底を変え、弁護士の人権意識を流動化させることを狙っているということであります。

今こそ司法制度改悪への批判を

以上のようにして、現在行われようとしている司法改革が、戦後司法の制度的根幹、裁判官の独立とか弁護士の自治というような根本的な原則、そしてその根本を支えてきた人権擁護という根本的理念、この一番の根幹に攻撃を加えてきているということに、改めて私たちは強い危機感を持つべきだと思います。

しかも、このような司法制度改革の動きは、今後の政治的なプロセスの中で、冒頭にも申しましたような政治、経済の構造的改革の動き、そして同時多発テロを利用した戦争体制の構築の中で、私たちの予測を超える形で、逆方向に加速されていくと思います。

私たちは、今こそ、憲法擁護、そして戦争体制構築批判の動きを強めながら、司法制度改革に対する批判をもその闘いの一環として組み込み、新しい状況を切り開いていく必要があると考えるものであります。

時間の制約もあり、言い足りなかった点がありますけれども、以上をもって問題提起の発言といたします。

戦時司法と「司法改革」

二〇〇二年六月五日、日本弁護士連合会講堂クレオにおいて開かれた「六・五　弁護士・学者・労働者・民衆の集い――ＳＴＯＰ！　有事立法＆まやかし『司法改革』」（主催　憲法と人権の日弁連をめざす会）における発言。

今日（二〇〇二年六月五日）、私の地元の仙台では有事法案についての衆議院の地方公聴会がありました。私は、『あたらしい憲法のはなし』を読み、憲法とともに育ってきた者の一人です。その立場から、公聴会では、「有事立法はまったく有害だ」と述べ、廃案を求めました。

日本は、アジア民衆への戦争加害の経験と、原爆を始めとする戦争被害の経験とを踏まえて、民主主義を得ました。その経験の教えるところでは、自衛戦争というものは虚構です。有事法案のいう「武力攻撃が予測される事態」とは、日米が意図的につくり出すものです。

恐ろしいのは、平時の有事化です。有事立法は、いつでも国民を警戒し、監視し、動員する傾向を持っており、そこから人権抑圧が生まれます。最近、防衛庁が個人情報のリストをつくっているということが明るみに出ました。防衛庁は、国民が戦争に快く協力する存在ではないことをよく知っています。一人ひとりが監視の対象になっていることを、この事件はまざまざと見せてくれました。

平和、民主、福祉の視点が平和保障につながるのであり、大切なのは、安全保障ではなく、平和保障なのです。


ところで、司法改革については、一九九四年頃から財界が異常な関心を寄せて、プランを次々提示しました。狙いは国家改造です。ところが、その当時はその狙いは見えにくかった。しかし、一九九九年以降、周辺事態法、盗聴法、日の丸・君が代法という問題に直面し、さらには有事立法が凶悪な形をとって国会に提出され、これらの動きと司法改革との内的関連がはっきり見抜ける状態になっています。

武力攻撃事態法の第三章には、警報、避難という項目があります。自衛隊の展開にじゃまになる国民を押し込めようという狙いが見えます。民間防衛組織もつくろうとしていますが、それに協力しない者をどうするのか。また社会秩序の維持に関する措置も用意しようとしています。戦争に反対・批判する集会・デモ・言論を抑圧しようとしている。さらに通信・電波利用の規制は、メディア規制法案を上回る規制を課そうとするものです。自衛隊法改正案は、立ち入り拒否や保管命令違反に対して刑罰を科するとしています。さらに、指定公共機関の労働者が業務命令を拒否したら、刑罰を科することも狙っています。このように、有事立法は、警察と司法に支えられて国民を縛ろうとするものなのです。

かつての三矢研究（一九六三年）には「防衛司法」という項目があり、「防衛司法の確立、自衛隊の裁判」が検討課題として掲げられていました。防衛秘密事項は、防衛専門の法廷、つまり軍法会議で扱う。これが司法改革と連動しないはずがありません。

裁判員制度を導入して市民を取り込み、迅速かつ効率的に有無を言わせず処罰する。このからくりを見抜き、人権を守る裁判、人権を守る法律家がなくならないように力を尽くす必要があります。平和憲法を守る闘いと司法改革に反対する闘いとは連動しているのです。

有事立法と刑事司法改革との危険な関連

二〇〇二年一〇月九日、日本弁護士連合会講堂クレオにおいて開かれた「刑事司法改悪反対／治安立法阻止／弁護士・学者討論集会」（主催　憲法と人権の日弁連をめざす会、「刑事弁護ガイドライン」策動反対運動）における「まとめ」の発言。

裁判員制度には一点の現状改善的要素もない

「まとめを」というのが司会の高山俊吉さんから与えられた課題なのですが、もう私がまとめる必要がないほどに、有事立法と刑事司法改革と称する改悪、その内的関連性およびその実態というのが明らかになっていると思います。この刑事司法改革と言われているものが、いかに戦後の憲法に立脚した人権保障の理念、構造、手続を崩そうとするものであるか、これは明らかなことであって、私自身もずいぶん前から、「刑事司法改革とは刑事手続改悪にほかならない」、「極めて危険な毒素を持った改悪である」と言ってまいりました。

改善的に見える問題、例えば、「被疑者国選弁護」の実現の要求とか陪審制度実現という要求が、公的弁護制度とか裁判員制度というものに換骨奪胎されて導入されようとしているわけですが、そうした改善的な要素に一見みえるものですら、現在の全体の構造の中では、極めて危険なものに変わっていて、逆行性が非常に強いということ、このことは今日の議論の中でも明らかになっていると思います。

それにもかかわらず、なお、刑事司法改革に対する幻想が残っているのはいったいなぜだろうか、ということが問題であります。とくに裁判員制度については、制度の中身がどうであるにせよ、裁判員という名の市民が一人でも二人でも裁判に参加すれば、それ自体として刑事司法を良くしていくインパクトを持つんだ、というような言い方をする人が出てきておりますし、また「市民が参加することに対してなぜ反対できるのか」というような言い方をする人も出てきているのであります。

私たちは、そういう議論に対しては、裁判員制度というものが、どういう改悪策と抱き合わせで出てきているかを明らかにして反論していく必要があると思います。この点も先ほどからずいぶん明らかになっていると思います。準備手続というものに名を借りた弁護・防御活動の制限、連日開廷による弁護・防御活動の制限、訴訟指揮の強化などが裁判員制度と抱き合わされ組み合わされて、刑事手続改悪のいわば先導役になっている。そういうことを考えれば、裁判員制度には一点の改善的要素もないと思います。このことを、私たちは明らかにし、説得していく必要があると思います。

もう一つ。「改革は今しかない」、「ワン・チャンスだ」、「この機会を逃せば、もう市民参加ということは永久にありえない。だからどんなものであっても、今導入することに意義がある」という言い方をする人もいます。しかし、これは極めて視野の狭い見方であります。私たちがこの裁判員制度に反対しこれを阻止したとしても、その後に、オーソドックスな、人権擁護と冤罪防止のためになる陪審制度を構築できる、そういう沃野が必ず拓けてくるはずです。このことにも自信をもって私たちは反対論を主張する必要があります。

公的弁護制度についても同様です。これは、本来の目的とは違い、刑事弁護を国のための弁護、いわば国営弁護に変質させるための弁護管理システムを作り上げる動きになってしまっています。これに反対することにも逡巡すべきではないと私は思います。

そういうことも含めて、刑事司法改革というものについては、その改悪的様相を、私たちは、あきらめないでジャーナリズムを説得し、また一般の市民の人をも説得していく必要があると思います。

有事体制と刑事司法

さらに問題は、この改悪的なものが、有事体制下において、一種の戦争の論理をはらんだ日本の国家体制の中で、どう動いていくかということであります。これについてのイメージというか、予測を打ち出していく必要があると思います。

今日（二〇〇二年一〇月九日）の『赤旗』には、内閣官房が「国民の保護のための法制について」という文書を出したという報道が出ております。有事立法について、「国民保護法制が先なのに、それが後になっているのはけしからん」という言い方で反対をする向きがあって、それに対して応えるような形で、「じゃあ保護法制についての要綱はこうですよ」というような、そういうプランを出しているわけです。

その最後のところに罰則というのがあります。その中身はまだ明らかではありませんが、物資の保管命令違反等について罰則を設けるということは、すでに自衛隊法改正案で明らかになっております。しかし、これに止まるものでないことは勿論ですが、おそらくはこの罰則の案は極力伏せられ、最後までなかなかその全容が明らかにされることはないかもしれません。しかし、その全容が明らかになった際には、びっくりする内容なのではないかと思います。

私たちは、近い過去、つまり太平洋戦争の時代に、戦時立法というものを経験しています。私自身も、戦時刑事司法制度や国防保安法などを中心に戦時刑事立法を研究し、その一部は著書の形にしたことがありますが（『刑事訴訟法の史的構造』有斐閣、一九八六年）、それは恐るべきものです。およそ戦時の特別立法というものは、究極するところは、刑事特別法というものに収斂していくのです。おそらく今回の有事立法も同じことでありまして、国民動員体制というものは、刑罰という担保なしには実効性を持つことができません。だから、刑事司法の強化・改悪こそが有事立法の隠れたる前提的な中軸なのであります。

刑事司法改革が、有事立法と内的な深い関連を持っているということは、最近の有事立法の動き、それから刑事司法改革の中身自体が明らかにしていることですから、私たちは、この視点の正しさに自信をもって、倦まずたゆまず、どんな小さいサークルでも、あるいはどんな大きい集会でも、このことを訴え続けていく必要があるだろうと考えます。

自信を持って反対しよう

とはいえ、司法改革についてはもう勝負がついているような感じがしないわけではありません。また先ほど弁護士の方の発言がありましたけど、現実はもう厳しいところまで来ており、今さら反対しても展望がなかなか見えてこないというところまで、事態は深刻化している。

もともと刑事裁判の現実の場面では、また少年法の運用とか児童虐待防止法の運用とかの場面でも、日本には「人身の自由」の条文はあるけれども、本当の意味で「人身の自由」などというものが果たして存在しているだろうか、疑問です。そのためか、刑事司法改革をやっても今より悪くなることはない、今が一番悪いんだから、とそういう言い方をする人すら出てくるわけです。

しかし、それは誤りです。日本国憲法というものが存在し、いまだに規範力を持っています。そして裁判あるいは裁判官というものは、この規範力から脱することはできないでいるのであります。ここに目を向けて、憲法の規範力というものを回復しこれを守っていく道筋を見通し、そしてこれを基礎にしながら、刑事司法改革、司法改革全体、そしてさらには有事立法について闘っていくべきだと思います。

私たちの闘いは、憲法を守り、憲法を現実の中に生かし実現していくという闘いと不可分一体です。歴史なり現実なりの教えるところによれば、私たちの闘いは、正しい方向性を持っている。このことに自信を持って、訴えていく必要があると思います。

近い過去の歴史でいえば、太平洋戦争の教訓は、まだまだ国民の中に、個人的な深い悲しみや痛みとして、また民族の記憶として、残っています。現実ということでいえば、今日の規制緩和の名のもとにおける経済や社会の破壊が、どんなに私たちの生活基盤を崩し、不安を醸成しつつあるかということ、これも生活実感であります。問題なのは、私たちがその悲しみ、痛み、不安を生み出している権力と闘わなければならないという意識を持たなければならないのに、権力側の巧妙なイデオロギー操作によってごまかされ、分断されているという実態です。ここに一番の問題点があるのです。

私たちの闘いは、勝てる闘いだと思います。そして本当に勝つためには、このイデオロギー的な操作を、欺瞞的な意識操作を、打ち破らなければならない。

仮に司法改革が実現したとしても、われわれの闘いの課題が消えるわけではありませんので、いろいろな分野で、辛抱強く、一〇年、二〇年、本当に長いタイムスパンで闘っていく必要がある。私はその意味で、最近は絶望しないことにしております。私は、ずいぶん前から、司法改革についてはもう一九九〇年代の半ば頃からいろいろ批判的なことを言ってきましたが、最近は、「不幸にして私が恐れていた通りになったなあ」という気持ちになることが多いわけです。そして、「何を言っても虚しいなあ」という気にならないわけでもないのですが、しかし決してそうではないのです。現にこうやって集会が開かれています。しかもこの集会の背後には、もっとたくさんの弁護士なり市民の方々、現在の司法改革や有事立法について懸念を持っている人たちが全国に山ほどいるわけです。私たちのこの営みは、必ず実を結ぶと思います。

どういう形で実を結ぶかは未だはっきりとはわかりませんが、しかし必ず実を結ぶと思います。共に頑張りたいと思います。

国民総動員と「司法改革」

二〇〇三年五月二二日、日本弁護士連合会講堂クレオにおいて開かれた「有事治安立法と司法改悪に反対する集い」（主催　憲法と人権の日弁連をめざす会、「刑事弁護ガイドライン」策定反対運動）における「まとめ」の発言。

国民総動員へ

五月一五日（二〇〇三年）に、残念なことに衆議院を通った武力攻撃事態法の本質は、先制攻撃の準備法、国民総動員法であることは、多くの人たちの指摘する通りだと私は思います。あの法案のブラックボックスとなっている一番の核心は、誰がどのような情報に基づいて、どのような手続きで、「武力攻撃事態」なるもの、あるいはその予測なるものを認定するのか、ということです。ところが、この一番肝腎要めの問題について、この法律は、ほとんど何も触れていない。おそらくその認定は、安全保障会議、しかもその専門委員会がやることになるでしょうが、そこには、制服組が大量に入ってくるでしょう。そしておそらくはアメリカの一方的な情報とか自衛隊の秘密情報に基づいて、「武力攻撃事態」あるいはその「予測」なるものを立て、それを内閣総理大臣がいわば独裁的、独断的に認定し、ただちに対処の措置をとる。その後で国会にその承認を求めるという手続をとる。そういう仕組みになるでしょう。それは、言ってみれば一種の独裁体制であります。

考えてみますと、小選挙区制から始まった日本の国家の形の改造といいますか、いわば国家統治構造の改革というものは、小選挙区制から始まりました。政治改革という名でそれが始り、行政改革、そして司法改革と、ひとつひとつ着々と手が打たれてきました。そして、次のステップとしていま用意されているのが、言うまでもなく憲法改正です。

私たちはこういう流れの中で、今回の司法改革というものを冷静にとらえ、批判し、強く抗議していかなければならないと思います。有事立法と司法改革とがどういう論理でつながっているかということについては、私もいろいろ考えたのですが、結局この二つは国民総動員というところで深くつながっていると思います。有事立法とは、いわば戦争に向けた国民総動員です。司法改革とは、人権抑圧に向けての国民総動員体制の確立のことです。要するにこの二つは、「国民総動員」というキーワードで、密接に結びついているのです。

私をして言わしめれば、国民総動員に向けて、いま国会すら空洞化してしまうほど行政権に全ての権力が集中しています。しかも行政権の中でも、内閣総理大臣にほとんどの権限が集中していくようなシステムが完成に近づきつつあります。そして司法は、その行政権の補完装置になりつつあるのであります。

そのためにどういう政策が展開されているかといいますと、先ほどから土屋公献先生をはじめとして多くの弁護士の方が指摘されたように、まず弁護士を変質させる政策が展開されています。それだけではありません。じつは法学者も、その変質への渦の中に巻き込まれつつある。このことも、残念ながら認めざるをえません。法科大学院という制度を通じて、法学者も競争原理に巻き込まれ、統治勢力の望むような司法制度の構築・運用に協力させられようとしているというのが、法学者の現実の姿であります。

また、私たちは、裁判批判というものを戦後展開してきました。そして多くの成果を得てきました。冤罪事件の救済の問題をとってみても、あるいは公害に対する被害者救済の問題をとってみても、巨大な裁判批判、裁判運動なしには、その成果を上げることはできなかったと思う。この裁判批判、裁判運動の中心をなしているのは、なんといっても私たちが素早く裁判の情報をキャッチして問題点を発見し、それを世論にしていくという作業です。その時にはジャーナリズムがかなり役割を果たします。ですから裁判批判、裁判運動を抑え込むためには、ジャーナリズムや市民運動の骨を抜いていくのが一番の近道ですが、そのためには情報を与えないということです。それが今回の裁判員制度とセットになっています。これに対して新聞協会をはじめとするジャーナリストたちが、反対の声、批判の声を上げ始めています。

国民総動員としての司法改革

「国民の司法参加」ということは、司法の民主化を希求し、司法に人権擁護を期待する勢力にとっては、ひとつの大きな改革目標でありました。このことは事実です。しかし、今回私たちが目にしている裁判員制度というものは、そういう勢力が考えてきたものとは全く違います。陪審でもなければ参審でもない。いわば両方の悪いところをくっつけ、しかも日本流にさらに工夫を凝らして改悪したものです。その導入の政治的な狙いは何か。

それは、何といっても国民を統治の側に取り込んでしまうことです。「司法に対する国民総動員」です。有事立法により国民を戦争協力に総動員する、裁判員制度により国民を人権抑圧に総動員する、二つはまったく同じ発想の総動員立法なのです。そして同時に、国民の間にある安全防衛意識、危機意識、これを権力の側が掬いとって利用し、助長していく。そういう狙いもまた持っているのであります。

それと同時に浮上しているのが「共謀罪」です。そして「共謀罪」だけではなく、いろんなところで警察権限が強化され、取り締まりの網の目がものすごく強まっていることに気がつきます。例えば生活安全条例です。「体感治安を守れ」というキャッチフレーズのもとに、市民生活の驚くべき広い部分が、この条例によって刑罰の網の目でカバーされようとしています。「共謀罪」だけではないのであります。

つまり国民を形式的に裁判に参加させる形をとり、国民の間にある不安感や「体感治安」意識などを裁判に利用する。そのための攻撃的道具立ての一つとして、司法改革というものが位置づけられているのです。

何度も繰り返すようですが、有事立法と司法改革、とりわけ裁判員制度というものは、いわば国民総動員型の統治システムを構築するという論理によって内的に繋がっています。そしてこの深い繋がりを生み出しているのは軍事の論理です。国家の論理の究極のものは軍事の論理だと思いますが、その軍事の論理における人権抑圧を公的にオーソライズし国民的な合意を調達していくことが、裁判員制度というものの持つ端的な意味合いではないかと思います。

最後に訴えたいことは、私たちは決して少数派ではないということです。こんな悪制度はいつか必ず崩壊するでしょう。また、私たちの運動は確実に進んでいくでしょう。粘りづよく、わかりやすく、皆を説得してゆくならば、必ず私たちは勝てる——このことを確信して共に歩みましょう。

裁判員制度には重大な欠陥がある

「子どもと法・21」『通信』二〇〇四年五月号（子どもの育ちと法制度を考える二一世紀市民の会）に寄稿。

裁判員制度の法案にはあまりにも重大な欠陥や疑問がある。端的に言えば、国民参加とは名ばかりの、しかも被告人の人権軽視の制度であり、このまま国会で成立させるべきではないと考える。

第一に、国民に対し裁判員就任を義務化して刑罰で強制し、精神的、生活的に重い負担を強いるのは疑問である。憲法には義務化を認める規定はなく、逆に思想良心の自由や苦役からの自由など、義務化と抵触する規定が置かれている。

法案は、病気や介護など一定の場合に限り辞退を認めるが、思想・信条に基づく辞退や、人を裁くのは気が進まないといった理由による辞退を認める規定は置いていない。政府は、思想・信条に基づく辞退については政令レベルで認めるつもりのようだ。しかし、思想・信条の中身の開示を求められたり異端者扱いをされたりする危惧があるので、辞退することは事実上困難だろう。

法案の底には、国民は主権者なのだから裁判員になる義務を負うのは当然だという考え方がある。しかし、この考え方は短絡的に過ぎる。いくら主権者だからといって、憲法上の明文もないのに国政参加を強制されてよいわけがない。現に国民は選挙や公務を強制されていない。とくに刑事司法の場合は、犯罪と人権という重大かつデリケートな事柄を扱うのだから、強制はなおさら不適当である。

しかし、だからといって辞退を自由に認めると、偏った構成になる危険もある。ここに深いジレンマが生ずるが、果たしてこれを解決できるよい方策が見つかるだろうか、深い疑問を覚える。

第二に、被告人が裁判員制度に対し、どんなに不信感や不安感を持ち、裁判官のみによる裁判を望んでも認められない点も疑問である。

そもそも司法制度は、裁く者に対する信頼感、公平感に立脚するしくみを持たなければならない。憲法が「公平な裁判所」の裁判を受ける権利を被告人に保証しているのはその趣旨であり、被告人の信頼感、公平感こそこの権利の不可欠な構成要素である。このことを軽視し、歴史も経験の蓄積もない新種の裁判員制度の受容を被告人に強いるのは、不当であり、憲法にも合わない。

第三に、裁判員は、事実認定と量刑には参加するが、訴訟の進め方、証拠の採否、法律解釈については権限が与えられない。公判前に行われる事前準備手続きにも参加する権利がないので、そこで行われる争点整理に関与できない。しかし、争点整理は裁判の帰趨を決する重要な意味を持っているのである。

さらに裁判員は、審理の途中でも、裁判所によって不適任だとして一方的に解任される弱い立場にある。

このような権限や立場の格差に加え、裁判経験や法的知識の差もあって、裁判員が裁判官と対等で独立の立場に立つことは極めて難しく、装飾的存在になりかねない。

第四に、この制度が、人権侵害的な捜査の温存と、これへの依存性維持とを前提として組み立てられていることも重大である。これでは人権侵害と誤判という宿弊を解決できない。

第五に、多数の秘密漏洩処罰規定や接触禁止規定の存在も問題である。これらは、裁判員関与裁判を秘密の聖域と化し、裁判報道や裁判批判的な言論を取り締まり、ひいては公正な裁判の実現を求める動きを抑えつけてしまう。

以上のように、裁判員制度には数々の重大な欠陥や疑問がある。国民参加の美名に惑わされず、その実体を冷静に見抜き、国会内外で批判の声を早急に上げていかなければならないと私は思う。

イラク派兵と異端排除を糾弾する［2004］

自衛隊派遣は「亡国」「亡民」の愚挙

二〇〇四年二月九日、参議院イラク人道復興支援活動等特別委員会における参考人意見陳述の原稿。

一　憲法的視点と歴史的視点

私は、四〇年近く、主として平和主義、民主主義、基本的人権を厚く保障する憲法の理念及び論理に即して刑事法の研究を行い、思索してきました。

また個人的には、太平洋戦争開始直後に国民学校に入学し、敗戦迄の三年半近く、戦争賛美の軍国主義教育を受け、しかも中国大陸に出征した父を日の丸で送り、涙を流した、という歴史的体験を持っています。

本日（二〇〇四年二月九日）は、このような研究、思索、体験を踏まえながら、イラク特措法に基づく基本計画及び対応措置、すなわち自衛隊のイラク派遣につき、主として憲法的視点及び歴史的視点から意見を述べることとします。

先に結論を述べますと、今回の対応措置すなわち自衛隊派遣は、憲法に背きこれに違反するものであり、国際的には勿論のこと、国内においても政治、社会、文化、教育など、あらゆる分野において憎悪と暴力の連鎖、悪循環を拡大、深刻化させ、社会を荒廃に陥れる、「亡国」「亡民」の行為ともいうべき愚挙であると考えます。

以下、その理由を述べます。

二　交戦権の行使と武器の使用の違憲性

改めて説く迄もなく、憲法は第九条において、戦争の放棄、武力による威嚇とその行使の放棄、戦力の不保持、交戦権の否認を定めています。

ところが今回の対応措置により派遣される自衛隊は、未だ戦争状態が継続し、事実上は戦闘行為が日常的に発生している地域に派遣され、占領軍の指揮下に事実上置かれ、占領行政の一翼を担い、安全確保支援活動を行うべき立場に置かれています。

そもそも交戦権とは「占領行政を含む交戦国の国際法上の権利の総体のことである」とされておりますので、自衛隊は、憲法の禁ずるこの交戦権を行使すべき任務を今回の対応措置により負わされたことになり、その違憲性は明らかです。

また、今回の対応措置等により、自衛隊は、武器等の警護に際しての武器の使用（自衛隊法九五条）に加えて、対応措置の実施にあたり、上官の命令により無反動砲をはじめとする殺傷能力の高い武器を組織的に使用することを認められ、場合によっては物や建造物の損害、焼燬《しょうき》のみならず、人への危害、すなわち人の殺傷をも認められています。

しかし、人道復興支援や安全確保支援の任務達成上、無反動砲等の殺傷能力の高い武器を組織的に使用することは、それ自体として武力の行使に当たり、憲法上認められるとは思われません。

政府は、武力の行使とは「国家の物的・人的組織体による国際的武力紛争の一環としての戦闘行為」であるとし、イラク特措法の武器使用は「自己保存のための自然的権利」であって武力の行使には該らない、としています。

しかし、自衛隊員が奇襲攻撃（戦闘行為）にさらされ「自己保存」として武器の行使が必要となるのは、イラク特措法により国家的任務として、占領行政の一環としての客観的意味を持つ任務の遂行行為を行うべき、組織的存在だからであります。

だとすれば、攻撃に対応する武器使用による応戦行為は、正に武力の行使そのものというべきであります。

しかも問題なのは、武器の使用につき、法的な実効的歯止めがないことです。この点につき、イラク特措法は、「生命又は身体を防衛するためやむを得ない必要があると認める相当の理由」がある場合には「事態に応じ合理的に必要と判断される限度」で武器を使用できるとし、正当防衛又は緊急避難の場合以外は、人に危害を加えてはならない、と規定しています（一七条）。

これは、一定の制約を加えているかの如くにみえますが、しかし武器使用の現場では勿論のこと、事後的な司法的審査の段階でも殆ど全く実効性を期待できません。

ゲリラ的奇襲攻撃が日常的に発生している現場では、「防衛」という要件からその一種としての「先制攻撃」的行為を全く排除することはできないでしょうし、「合理的な限度」という要件も、それが軍事的な観点からみた合理性を意味することになるのは避け難いのであり、その判断は全て現場（その上官）の裁量に委ねざるを得ないであろうからであります。

さらに、これらの武器使用行為は、ＣＰＡ（連合軍暫定当局）命令一七号によりイラクの裁判権から免除されるとされますが、日本の刑法の国外犯に当たる場合に限り、帰国後に日本の裁判権に服することとなります。

従って、自衛隊員は、武器使用の結果として生ずる殺人、同未遂、傷害、傷害致死、放火、同未遂などについては罪責を問われることになりますが、その際、人に危害を加える行為すなわち殺傷行為以外の行為については、「やむを得ない必要があると認める相当の理由」「合理的に必要と判断される限度」の有無が一応は問題となります。しかし結局は前述のように現場の判断を尊重せざるを得ないとされ、法律上は「法令による行為」として違法性なしとされるでしょう。

また殺傷行為については、正当防衛又は緊急避難の要件を充たしているか否かが問題となります。この要件は、正当防衛の場合には、「急迫不正の侵害」の存在、防衛行為の必要性と相当性、防衛意思などであります。また緊急避難の場合には危難の現在性、避難行為の必要性と補充性と相当性、避難意思、法益の均衡性などが要件であります。

たしかにこれらの要件は、長年にわたる刑法理論及び判例の蓄積があることもあって、かなり限定的なものであり、殺傷行為に厳しい制約を科するものとの印象を与えます。

しかし、もともと正当防衛・緊急避難は、法秩序が厳正に保たれていることを前提としており、その上で法秩序の下でなされた構成要件該当の行為につき、「法の自己保全」（団藤重光博士）とか「優越的利益の保護」（平野龍一博士）とか「法確証の利益を加味した優越的利益の保護」（内藤謙博士）などを根拠として、例外的に違法性ないし責任が阻却されるとして不可罰化するものであります。

ですから、その例外性が現実的基礎を持つのは、法秩序の厳正保持という前提の充足下に於いてであります。

ところが今回の対応措置等の場合には、そもそも、違憲の武力行使ないし武器使用を行う組織が、刑法が保護すべき法益性を持つか疑問です。また、「急迫不正の侵害」なるものや「現在の危難」が日常的に発生しているイラクの実情を考えますと、正当防衛又は緊急避難が武器使用に対し、厳しい制約的効力を現実に持つとは考えられません。

しかも、さらに重大なことは、仮に正当防衛又は緊急避難の要件を厳密に解釈し運用しようとしても、その判断に必要な、詳密で客観的な証拠を、現地の警務隊や国内の検察当局が果たして公正に関係者双方から収集できるかは疑問だということです。

なお、報道機関など第三者の調査も、軍事的秘密保護の壁に遮られ不徹底に終わるでしょう。また警務隊や検察当局の捜査・訴追の意欲にも期待し難いものを感じます。

このことは、ケースは違いますが、外交官殺害事件についての真相解明の作業すら未だ遅々として進まない現状をみるとき、単なる観測では終わらないであろうことを示していると考えます。以上を要するに、自衛隊は、任務遂行上の武器の組織的使用につき、殆ど無制限的な広い裁量を事実上持つということであり、その武器は極めて殺傷・破壊能力の高いものだということであります。

こうして考えてきますと、武器の行使は憲法の禁ずる武力の行使そのものに該るというべきであり、違憲であります。

このようにして対応措置による自衛隊派遣は違憲でありますが、注意すべきは、以上に述べたことは、実は、米英によるイラク攻撃の国際法的正当性とは法理論上は全く別個、独立の問題だ、ということであります。

しかし、イラク特措法が一条で、米英のイラク攻撃が、安保理決議六七八号、六八七号、一四四一号に基づく国際法上正当なものである旨をうたい、又基本計画も、攻撃はイラクの脅威を取り除く最後の手段として行われたとしていますので、この点についても一言指摘しておきたいと思います。

それは、前述の安保理決議が米英のイラク攻撃を認めるものではなかった、また大量破壊兵器保有の事実もなかった、ということです。

このことは、今日ではもはや国際的常識というべきであり、現に米英の首脳ですら大量破壊兵器保有の判断の誤りを事実上認める立場へと軌道修正しつつあるのであります。

　ところが我国の政府は、大量破壊兵器なしとは断定できず、むしろあると考えるのが自然だ、という立場を依然として固守しています。そしてその断定の根拠として、イラクが不存在の立証責任を果たしていない、という論法を持ち出しています。しかし、もし立証責任というなら、攻撃した米英こそ大量破壊兵器の存在についての立証責任を負っているとすべきであって、この論法は、法律論としてみるときは勿論のこと、政治的・社会的にみても乱暴きわまるものであることを指摘しておきたいと思います。

三　自衛隊派遣は「亡国」「亡民」の愚挙

最後に私は、今回の自衛隊派遣が「亡国」「亡民」の愚挙であることについて述べたいと思います。

　周知のように、戦前、日本は、一五年にわたりアジア侵略を行い、国の内外を問わず全世界のひとびとに対し塗炭の苦しみを与えてきました。

　にもかかわらず、日本が国際社会に迎え入れられて活動の場を与えられ、又私たち国民も希望を持って、平和な社会を築くよう、国の内外でこれ迄孜々として努力してきたのは、ひとえに平和憲法によるものであります。

　周知のように、憲法は前文（第二段）で、恒久平和の「崇高な理念」を掲げ、専制と隷従、圧迫と偏狭、恐怖と欠乏からの脱却・克服の鍵を、「平和のうちに生存する権利」の実現、保障に求めました。そして第九条において、戦争放棄、武力行使放棄、戦力不保持、交戦権否認を明記したのであります。

これは、平和が確保されてこそ初めて、民主主義、基本的人権、生存・福祉の追求・実現が可能だということ、換言すれば、平和・民主・人権・福祉は不可分一体的な関係にあるが、その中で平和こそが中核的・前提的位置を占める、という思想に基づくものであります。

私は、これは極めて体系的で優れた憲法思想であり、戦争と貧困にあえいできた人類の歴史的体験を踏まえた、人間の理性と良心とが結晶したものだ、と考えます。

そしてそれ故にこそ、憎悪と暴力の連鎖、悪循環にあえぎ、混迷する二一世紀の現代に生きるひとびと、とりわけ日本の私たちにとって、現状打開の指針となり、政治的、社会的、文化的、思想的な「よりどころ」ともなりうるのだ、と考えます。

この優れた憲法、とりわけその中核としての第九条をしっかりと守り、一層豊かなものにし次の世代に伝達することは、現代に生きる私たちの歴史的任務であります。

もし私たちがこのことを忘れて平和憲法を蔑ろにし、これに背き、自衛隊をイラクに派遣し、殺傷行為に赴かせることを承認するならば、平和憲法を持つ日本に対する国際的信頼を裏切ることになるのみならず、日本の社会を憎悪と暴力の連鎖、悪循環の拡大に陥れ、荒廃へと赴かせることになるでありましょう。

イラクへの自衛隊派遣は、明治の義人田中正造の表現に倣っていうならば、「亡国」「亡民」の行為ともいうべき愚挙であります。

参議院の議員諸氏は、おのれの理性と良心を賭け、賢慮をもって違憲の対応措置に反対すべきであると信じます。

以上をもって意見陳述を終わります。

「危機」を作り、異端を排除する警察

『季刊　救援情報』四〇号（二〇〇四年二月、日本国民救援会）に掲載したインタビュー。原題は「いまの警察をどう見るか」。

戦後警察の動向

――はじめに、現在の警察を考える上で、戦前・戦後の警察の動向について簡単にお話ください。

小田中　戦前の日本の警察の特質を端的に言えば、「天皇（制）のための政治警察」でした。広い行政警察権限を持ち、あらゆる情報を握り、国民の動きを監視し、弾圧し、コントロールしていました。戦後は、一時期、「戦後改革」の動きのなかで、一九四七年に警察法が制定され、警察制度がかなり大きく変わりました。行政警察権限は大幅にカットされ、また地方分権ということで警察権限は分散されました。しかし、この時期の警察の実体は、「占領軍のための警察」であり、依然として「支配層の利益擁護の警察」でした。

一九五四年に警察法自体も「改正」され、国家地方警察・自治体警察の二本立てシステムが実質上廃止され、警察庁を頂点とする中央集権的な警察に変わりました。活動の中身も、いわゆる昔の特高警察が警備公安警察という形で完全にそのまま生き残り、日本の民主主義的な動きを弾圧・抑圧してきました。

この流れは、基本的には変わりありません。ただ細かくみれば形は変わっており、とくに最近の変わり方として一番注目したいのは、警察が私たちの市民社会を操作する高度の技術を身につけたということです。それは、市民社会のなかに積極的に潜り込んで、いわば「市民」を仮装し、市民をオルグし、「市民のための警察」という装いを取りながら、支配層の思う方向にコントロールし、監視し、操作していく技術です。

――一九七〇年代、高度経済成長といわれるもとで、物価の高騰や公害問題、非行問題などの矛盾が深まるなかで、警察は「国民の協力が得られるような緊密な関係」というCR（コミュニティ・リレーション）戦略、つまり国民との連携を押し出し、住民のなかに入ろうとする戦略を打ち出しました。

小田中　そうですね。

六〇年代には、安保闘争などで国民の運動がものすごく盛り上がり、自衛隊の治安出動も検討されるなど、警察は一時は混乱状態に陥りました。そういう点で、安保闘争のなかで、日本の警察は、国民を管理しコントロールする力を一時失いかけたと思う。しかし、警察はそこからすばやく立ち直り、一方で警備公安警察の充実・強化を図りながら、他方で活動の分野を広げていきました。国民を弾圧する「治安立法」という生《なま》の形ではなくて、市民社会で起きるいろんなトラブルや衝突に対して、警察がいつでも出動できるような、そしてそれがいわば機能的に治安立法の役割を果たしうるような、そういう条例や法律なども手に入れていきました。

七〇年安保闘争は、警察にとってその実験場だったわけです。一方で警職法を拡大解釈して検問体制をしき、所持品検査を公然と行い出しました。他方においては破防法を使うなど大胆なこともしました。硬軟織り交ぜる形で、あらゆる運動を、必要とあらば押さえつける。そういう技術を身につけていきました。

七〇年代が過ぎて八〇年代に入り、スパイ防止法案が出されます。もっと大掛かりな国民監視の武器を手にしようとしたわけです。しかし、それは国民の反対運動によって押し返され潰されました。

しかし九〇年代に入り、日米軍事一体化という軍事的・政治的な面からの要請もあり、ますます警察は機構的にも拡大されました。他方において、市民の間に起きるさまざまなトラブルや、それに加えて「テロ」組織など、新たに大きな取締り対象が設定されることによって、人員や組織の面でも取締り権限の面でも大変強化されました。そして盗聴の権限も手に入れ、組織面でも「生活安全警察」という新しいタイプの組織を整え、市民生活に積極的に介入し管理し規制する権限を次から次へと手に入れていきました。

総じて見ると、日本の警察は、六〇年安保、七〇年安保、そしていま有事立法・イラク派兵など、軍事の節目のところで大きく飛躍しています。そして、軍事力と警察力とがまるで「双子」のようにともに肥大化してきたことがまず第一の特徴です。と同時に、市民のなかに積極的にもぐりこんでいく、そして市民を動かし、オルグし、操作し、抱き込み、包み込んで、治安を維持しようとしているのが第二の特徴です。

現在の警察は、大きな目で見ると「市民」の顔をした「市民抑圧」の警察であり、有事立法に即応するような国民総動員の国家体制を作り上げることに成功しつつある。そういうことではないでしょうか。

作られた「危機」と警察政策

——市民のなかにもぐり込んで治安を維持するという点では、一九九四年の警察法の「改正」が一つのポイントとなると思います。警察庁に「生活安全局」が新設され、これを受けて各警察署にも「地域課」が設けられました。同時に、「生活安全条例」の制定の推進など、住民の監視・管理体制が強まっています。

小田中　九〇年代の「規制緩和」と、ＰＫＯや日米共同軍事態勢強化、この二つの動きのなかで警察権力が要めの位置を占めるようになってきていると思う。そもそも「規制緩和」というのは、いままでの福祉や弱者救済のシステムを切り落とし、教育をはじめとする、本当の意味での社会の基礎となるような、そういう人間社会の営みを、「自由競争」の名の下に利益追求の道具にしていくのが狙いです。

その結果として、日本の社会の基盤を作成してきたものがどんどん崩れているわけです。労働の分野では失業者が増え、教育の現場では「落ちこぼれ」と称して切り捨てられた少年たちがどんどん増えている。地域や家庭でも、ストーカーやドメスティック・バイオレンス（家庭内暴力）などの形で人間関係の破壊が生じている。あらゆるところで、社会的な連帯の喪失現象が生じ、それがいわば非行や逸脱行為の瀰漫《びまん》となって現れています。

権力側は、これを警察権力で取り締まることによって最終的な社会崩壊を防ごうとしています。しかしそれは逆にますます事態を悪くしている。こういう悪循環に陥り、どうにもならない泥沼に入ってきているように思います。

その一方において、権力側は有事立法によって、戦争ができる態勢を整え、国民を総動員する態勢を作ろうとしています。そのためには、常日頃から反有事立法的勢力、いや彼らからみればすべての国民が「非協力的分子」になり得るわけですから、常に全部の国民に監視と取締りの網の目を張る、そういう一種の準戦時体制を組みあげる必要がありますが、日常的に監視の網の目を張り巡らすことができるのは、なんといっても警察なわけです。ですから、いま、軍警一体化へ、という現象が進んでいると思う。

現に、「行政改革」、人員整理といった「スリム化」のなかで、肥大化しているのは警察と自衛隊です。警察は今度二万人増員しようといい、東京都も「警察を増やしてくれ」と要求しているわけです。まだ足りない、まだ足りない、という警察官増員の声がいま声高に叫ばれています。しかし、結論にもなるのですが、警察力をもって社会の矛盾を解決し、安全な社会を実現できるのかといえば、それは逆なんですね。そこのところに私たちは気付く必要があります。

——先生は、「生活安全条例」など市民に浸透をはかっている警察の政策を「市民的治安政策」と指摘されています。その政策は、危機を作り出して危機感をあおり、住民の「要求」を作りだしていく。そこで作られた「安全」への要求を、監視をつよめ排除を進めることによって解決しようという方向が打ち出されている、と指摘されていますが。

小田中　いまの危機は二重の意味で、作られた危機だと思うんですね。

たしかに、規制緩和の波の中で、そしてまた有事立法という波のなかで、国民が戦後一貫してもってきた連帯意識、平和意識、そういうものが大きく揺らぎ突き崩されつつあることは否定できない事実だと思います。そしてそれが、痛ましい逸脱とか葛藤とか対立とかという形になって出てきている。

それを一番敏感に受け止めているのは少年たちであり、社会的に力の弱い人たちのところにしわ寄せがいきます。いま「少年非行」がとりわけ取りざたされていますが、少年たちの人間的本質がある世代から急に変わるとか、凶悪化するとかということはありえない。少年非行増大の「危機」は社会的に作り出されたものなんですね。

それだけではありません。警察は、その「危機」を誇張し歪めて描き出して危機をあおり、これを支配の道具にしようとしています。この意味でも「危機」は作られたものなのですね。

――「危機をあおる」という点では、警察が検挙率の低下について、みずからの責任は棚上げしたうえに、それを逆手にとって権限を強化しようとしています。しかし専門家からは、検挙率の低下に対し疑問が出されています。

小田中　私たちは、『犯罪白書』や毎日の新聞などで危機感をあおられています。たしかに私たちの身の周りには犯罪や非行による危険が充満しているかのようにみえるわけですが、しかし、いま進められている規制緩和や弱者切捨ての動きが克服され社会の動揺がおさまっていけば、状況は落ちついていくと思います。

いわゆるテロなどの組織犯罪にしても、テロを防ぎ、なくするためにはその根源を解決することが必要ですし、それはできるはずです。ところが、イラク戦争への自衛隊出兵などは、いわゆるテロを防ぐどころか、逆にイラクの人たちの抵抗を呼び起こし、危機的状況をあおるものですよね。イラクへの武力制圧に加担せず、それをやめさせることこそ、解決への第一歩ではないでしょうか。

暴力団犯罪にしても、麻薬犯罪にしても、人びとが暴力団に取り込まれない社会、麻薬に負けない社会を作ることが大切です。そのためにはしっかりした価値観、人生観と希望とをもった少年たちを育てていくことが大切です。このことこそ、安全な社会への近道であり、社会を警察の監視下、管理下におくことは逆効果ではないでしょうか。

――ある学者によれば、日本の若者が起こす殺人が減った、つまり凶悪犯罪は増えていないのではないか、との指摘もありますが……。

小田中　教育とか家庭とか学校とか地域とかというものが、利潤追求のなかでどんどん崩されている。そのなかで少年たちは居場所や行き場を失い、自己形成、自己発達する機会が十分与えられずに、自己発現を、非行や逸脱を通じていわば浪費しているわけです。そういうふうに考えると、「非行」自体が少年の本来の意思に反して作られていることがわかります。ところが権力側は、少年があたかも社会に挑戦し破壊しようとしているかのごとく、敵対物であるかのごとく扱い始めている。少年法「改正」による厳罰化の動きはその表れだと思います。

そういう歪んだ扱い方の中で、裁判官から「きみたちは産廃（産業廃棄物）以下だ」というような、とんでもない発言が飛びでてくるわけです。まさにこれは、非行をした少年を敵対視する思想の現れですよ。本来少年を保護すべき任務を負う裁判官がそのようなことを平気で言うという、恐るべき状況です。

こういうふうに危機感が瀰漫《びまん》しているのですが、しかしこの危機感というものには、少年への共感、同情、理解にもとづく正しい実感としての危機感と、作られあおられて生じている歪んだ危機感とがあると思うんですね。

危機感を抱くのは正しいと思います。本当に痛ましい状況がいま生まれつつあるわけですから。それに対して、どうすればいいのだろうかというふうに危機感を抱くことは当たり前だと思います。しかし、その危機感は、警察的なセンスで捉えたものとは別のものなのです。その危機感は、人間や社会の苦しみへの共感を基礎とするものだからです。

ところがそうではなくて、まるで人間社会の本質、人間の本質が変わったのかように捉え、敵と味方との対立のように捉える危機感がいまあおられているんですね。

しかし、私たちがもつべき危機感は、少年がそういう痛ましい状況に陥ったときに、なんとかして救いたい、そのためにはどうすればいいのか、という危機感なのです。「あいつは社会の敵だ」「どうやってあいつを押さえつけたらいいのか」、そういう危機感とは質が違うと思います。

私たちがもつべき危機感は、「連帯」をベースにして、非行や犯罪に走った人たちに手を差しのべ、なんとかして立ち直ってもらうためにはどうすればいいのか、連帯し、育成し、支援してこなかったことを反省し、どう改善すればいいのか、という連帯意識を中心とする危機感なのです。「あいつは社会の敵だ」と敵視し、重罰を加えて隔離して排除しようとする警察的なセンスにもとづく危機感は、克服しなければなりません。

確かに自分の身の周りでさまざまなことが起こり、いつ子どもたちが被害に遭うかもわからない、という潜在的恐怖にさらされているわけですから、ともすれば警察的センスの危機感にさらわれやすい傾向があることは否定できません。しかし、そういう敵・味方的な見方にもとづく危機感にさらわれたときに、そこにみえてくる解決策は、「邪魔者は殺せ」なんですね。「邪魔者」は自分たちとは無関係の存在であって、「邪魔者」は健全な社会から排除しよう、というところにしか行き着くところがないのですね。

そうなったときにどうなるかといえば、逸脱行為をやった少年たちを排除し、ますます社会からドロップ・アウトさせていく。「敵」なのですから、呼び戻し立ち直らせる道を用意しようとしないわけです。そういう状況は、ますます社会のなかに非行なり逸脱行為なりを蔓延させていくでしょう。救済の道を用意しないわけですから、増える一方という悪循環に陥る。そういう意味で展望はありません。

そういうふうな悪循環に陥ってしまっては、真に人間的な連帯にもとづく安全な社会を築くことはおよそ不可能となってしまい、悪い方に向くことはあってもいい方に向くことはありません。私たちは、少年たちにしても一般市民にしても、健全で幸せな生活を送る権利がある。そうであればこそ、いまの状況の解決策を見出していくため、人間的、社会的連帯の考え方に裏付けられた危機感をしっかり持つべきなのです。

監視・排除でなく連帯を

——東京・千代田区の「生活安全条例」のマニュアルでは「ホームレス」を監視対象としていますが、その発想と共通しています。押さえつけ、排除する、そのために監視し、事前に把握する。いまグローバリズム、新自由主義のもと、弱肉強食、強いものは正しく、弱いものは排除の対象という思想が作られています。

小田中　いま指摘された問題で、三つほど言いたいと思います。

一点目は、そもそも「ホームレス」の問題というのは、福祉の問題なのです。「ホームレス」の人を見たら、まずは「あの人たちに最低限度生きていけるだけの住居、食糧、衣服を与えよう。どうやってそれを調達するか」と考えるべきです。ところがいま「ホームレス」はまず治安の対象とされています。「ホームレス」が近所をうろうろしていては困る、という形で取締りと排除の対象とする。いわば「ホームレス」を社会の邪魔者扱いしていく。そういう発想自体が大きな問題です。

二点目は、逸脱行為をした人やドロップ・アウトした（落ちこぼれた）人に対し、その人の自己責任に帰することはできないと思います。なぜならば、規制緩和のスローガンで進められている経済改革は、「ホームレス」を意図的に作っているわけです。失業者を意図的に作り、離職者を意図的に作り、「ホームレス」を意図的に作ることによって、企業と労働力の選別・再編をしているわけですから。自己責任で好んで「ホームレス」になっている人はまずいないと思う。

三点目は、私たちがいま落とされようとしている落とし穴とは、弱肉強食、弱者は「邪魔者」として排除する、という穴です。この落とし穴の背後にある思想は、国内的には弱者をもっぱら警察の取締りの対象として考えるものなのですが、国際的なレベルでみれば、邪魔者は有無を言わさず殺してしまえという戦争の論理になっている。

そういうことも含めて、私たちはいま大きなものを失うか、守り抜くかという岐路に立っていると思います。

――弱肉強食の社会では、「自分も同じような境遇におかれかねない」という状況が常にあります。決して、自分とは関係のない「邪魔者」ではないということですね。

小田中　その通りです。「ホームレス」の人も、病気になったり、クビを切られたり、仕事に失敗するなどで、「ホームレス」になったのだと思います。いまの社会は、一旦非行を犯したり、職を失ったりすれば、復活したり再就職しにくい社会になりつつあります。しかしそういう社会は、人間の社会としてはいびつなだけでなく、危険な社会です。

――社会から「邪魔者」を排除しようという思想は、次第に早い段階、つまり「少年」の時期へと進んでいるのではないでしょうか。教育現場では地道な努力がされていますが、他方で日常的に学校と警察が連携をとり、生徒の監視や権力を行使して「危険な」少年を排除しようという動きもつよまっています。

小田中　人間というものは逸脱行為もするけれど、まわりのサポートがあれば立ち直れる存在でもあるんですね。だからこそ、たとえば罪を犯しても何年かすれば社会に戻ってこれるシステムを作ってきたのです。そういう人たちを抱え込みながら社会が動いてきたわけです。

ところがいまの方向はそうではなくて、早い時期から危険のレッテルを貼って、排除し蹴落とす。本当に危ないところに日本の社会はきていると思いますね。

たとえば「不審」な者をいち早く摘発し、早期に検挙・排除するために、犯罪はまだ犯していないけれども、犯すんじゃないかという予測の段階で早くも捜査を始める、という動きが拡がっています。盗聴法などもそういう論理で組み立てられていますが、いまあらゆるところに設置されようとしている監視カメラも同様の役割を果たしています。

――できるだけ早期に検挙するという思想は、いま国会で問題となっている「共謀罪」にも同様に流れていますね。

最後になりますが、たしかに警察の権限が強まりつつあります。しかしそれは戦前の国民監視の警察と同じではないと思います。いま日本国憲法があり、大きな民主勢力があります。単純な回帰ではないと思いますが……。

小田中　そうですね。端的にいって、戦前は、「天皇」という絶対的な存在があって、国家というものも社会というものも、その論理で全部統括されていたわけです。しかし、戦後は、「天皇」という存在は象徴のレベルに下げられ、戦前のような絶対的存在ではなくなりました。代わって出てきたのが、民主主義や国民主権、人権、平和という憲法の規範です。しかし、これは絶えず権力側によって攻撃にさらされ、意味が変えられ、空洞化されています。そういう意味では「不安定」な価値といえます。とはいっても、「不安定」ではあるけれども、国民のなかには深く根を下ろしているということが特徴です。

そういうギャップを逆方向に利用して、財界はいま真正面から「改革」という名の国家・社会の改造に乗り出してきているわけです。

「行政改革」というのは、財界の直接支配化なんですね。官僚を財界に完全に取り込むのが、行政改革です。「政治改革」も、財界のための政党再編を行い、財界のための国会を作り出したのでした。そして、「司法改革」も、実は、同じ本質をもつ動きなのです。財界やこれに癒着する政治勢力のための司法にするのがその狙いです。

ただ、その論理は、司法改革の場合、他の政治改革や行政改革の場合とは違ってやや複雑ですが、その狙いが、財界の役に立つ、とくに大企業の役に立つ司法にしようとしている点は同じです。

もともと司法は、人権保護の任務を憲法上与えられており、弱肉強食の論理を持ち込むことがむずかしい分野だったのですが、制度や手続、さらには弁護士の意識を変えることによって、弱肉強食の正当化の役割を果たさせようというわけです。

ですから、民事裁判では弁護士報酬の敗訴者負担制度を導入しようとしたりしていますし、刑事裁判においても人権侵害や冤罪を生んできた肝腎の糺問的部分にはまったくメスを入れずに、ごまかしの改革をやろうとしているのです。それだけではなく、裁判の迅速化の名目で被疑者・被告人側の防御活動を押さえ込み、さらには国民の裁判批判や裁判闘争など、裁判に対する批判を押さえ込もうとしています。

注目すべきは、この裁判批判や裁判運動の押さえ込みを「裁判員制度」と抱き合わせの形で導入しようとしていることです。「裁判員制度」は、多くの人が期待しているような、人権擁護とか民主主義的な裁判の実現とは違った役割を果たさせられようとしているのです。

このように、現在、とくに一九九〇年代以降、世の中を覆っているのは財界流の弱肉強食の論理ですが、しかし財界自体は天皇ほどの絶対的なカリスマ性を持たないわけですから、それをカバーするためさまざまなごまかしの思想やスローガンを撒きちらしています。その一つに、「官」から「民」へ、というスローガンがあります。この「民」は、一見すると民主主義の「民」、市民の「民」を指すようですが、実はここでいう「民」は財界のことなのです。財界は、有事立法や憲法改悪から規制緩和やリストラに至るまで、あらゆることに直接に口を出し、アメリカの意を体してあらゆることに政策やプランを打ち出して、内閣や国会や裁判所に実行を迫っているのです。

私は、「ホームレス」の問題、少年非行が抱えている問題は、まさに有事立法が狙っている戦争の論理、国際的な「邪魔者は殺せ」という論理に見事に結びついていると思う。経済的な面だけでなく、思想的な面でも結びついている。しかし、そこには人間の未来はないですね。

日本国憲法の指し示している平和とか福祉とか民主主義とか、人権というものの価値をしっかりと認識し、地道な努力を積み重ねることによって、社会を連帯の思想と論理の行きわたる社会に近づけていく。実はこのことこそが、国民の生活にとって真の安全を実現する一番の近道なんですね。このことを抜きにして、警察力を増強したり、取締り法規を整備して、監視取締り体制を強化することは、むしろ状況を悪化させることはあっても、問題を本当に解決することにはなりません。このことをしっかり見すえて運動を進めることが必要だと思います。
——ありがとうございました。

Ⅲ　世代を超えて

平和と連帯と歴史と——若き後輩に伝える——

一九九九年九月三〇日、盛岡市立下小路中学校において開かれた平成一一年度下小路中学校講演会における記念講演。原題「二十一世紀に活躍を期待される君たちへ」。下小路中学校雑誌『連峰』五一号に掲載。

人間としてより良く生きたいと願う歌ごえ

なつかしい下小路中学校の後輩の皆さん、「こんにちは」。私は先ほど校長先生からお話があったように、第一回の入学生、そして第二回の卒業生です。こうして下小路の講堂に立ちますと、ちょうど今お話のあった向こうの古い方の講堂、あの講堂で卒業したときのことをつい昨日のことのように思い出し、胸が一杯になります。

今日は、一時間半というふうに言われていますが、皆さん一時間半大丈夫ですか。とても長い時間だと思いますが、できるだけ一時間半にならないように、もう少し早く話を切り上げていきたいとは思いますけれども、時間の許す限り皆さんにお話してみたいと思います。

私は皆さんに初めてお会いするわけですが、しかし、実はそうではないのです。昨年（一九九八年）の一〇月、創立五〇周年の記念式典のときに、私は、今の二年生、三年生の方の合唱を聞いています。ですから、二年生、三年生の皆さんには「しばらく」という挨拶になります。一年生の人たちには「初めまして」という挨拶になるわけですが――。その五〇周年記念式典のときのコーラス、一つはベートーベンの「第九交響曲」「歓喜の歌」のコーラス、それからもう一つは「記念賛歌」、あの二つのコーラスを本当に感動で胸がふるえるような気持ちで聞いたものの一人です。本当にありがとうございました。

あのときの感動を思い起こしながら話を始めてみたいと思います。私は音楽が好きで、中学校時代にはいろいろなクラブ活動もやりましたけれども、音楽部にもおりました。でも今のように、あんな難しい曲を大勢の全校生徒で歌うというようなことは、とてもできないことでした。それでも、何しろ初めて私たちのピアノが昭和二五年（一九五〇年）に下小路の音楽室に置かれ、演奏されるようになり、合唱もできるようになりました。たしかその年のNHKのコンクールで盛岡市内で二位か三位かに入っているように思います。

私は男ですので、コーラスに入ることができず、残念でした。その当時は混声合唱ではなく女声合唱でしたから。そこで音楽部では、別に混声合唱団を組織して、いろんな機会に歌ったことを思い出します。「荒城の月」を混声四部で歌ったのが、おそらくこの下小路中学校の混声合唱のはじまりだったのではないかと思います。

そんなことなどを思い出すのですが、いずれにしましても私は音楽が好きで、第九交響曲のナマの演奏もこれまで何度も聴きました。回数にすれば一五、六回以上は聞いていると思います。

しかし、今まで十何回か聞いたなかで昨年一〇月の皆さんの歌った第九の合唱が一番すばらしかったと思います。胸がふるえるような気持ちという表現がありますけれども、何か自分も一緒に歌っているような気持ちで、感動し、胸がふるえるような気持ちで聴いていました。

なぜこんなに皆さんの合唱が感動させたのだろうか。これは私一人ではなかったと思います。私の周りにはたくさんのOB、OGの人たちが聴いておりましたけれども、かなりの人が涙を流しておりました。なぜこんなに感動したんだろうか。私は皆さんのコーラスを聴きながら、皆さんのコーラスの中には、皆さんの願いがこもっているというふうに感じたのです。若い人たちの願い、それは一体なんだろうか。私も五〇年前、ちょうど皆さんと同じような歳であり、一所懸命いろんな事をやったわけですが、五〇年経っても私の心に皆さんの気持ちがそのまま真直ぐ飛びこんできて、心を感動させる。その感動を生み出す皆さんの願いとは一体なんだろうか。

最後の方でも述べることになるだろうと思いますが、「人間としてより良く生きたい」という願い、「人間は一人ではそういう大きな仕事を成し遂げることはできない。みんなと手をつないでいかなければ立派に生きるということは難しい。だから、みんなで手をつなごう。そして、いままでたくさんの人がそういう願いをこめながら作ってきた歴史、これを受け継いで、これからもまたその歴史を自分たちの力で一頁一頁書き継いでいきたい」――そういう願いではないだろうか、というふうに感じました。その第九交響曲の合唱は、ベートーベンがシラーの詩につけたものであることは皆さんもご承知の通りですけれども、それを聴きながらそう思ったのです。

しかし、その第九交響曲以上に、私が感動させられたのは皆さんの作った記念賛歌でした。あの第九交響曲の「歓喜の歌」以上に、皆さんの作った五〇周年記念賛歌の歌詞は、そして曲もすばらしいのではないか。以上にと言うことには異議があるかもしれませんので、以上にというのは引っ込めて、同じくらいと訂正します。

「僕等の心に差し込む一筋の光」と言う歌詞から始まるあの記念賛歌は、本当に皆さんの「願い」をメッセージとして届けてくれました。この記念賛歌の中には、「喜び」とか「希望」とか、「優しさ」「強さ」「勇気」「歴史」といったような言葉が入っています。その一つ一つの言葉は、私が後で先生方からお聞きしたところでは、皆さんが考え出したものであり、そしてそれをみんなで知恵を出し合いながら一つの詩にまとめ上げていったのだそうですね。それは本当にすばらしい作業であり、すばらしいメッセージとして永く永く後輩にも伝わって行くだろうと思います。

神か人間か

私は五〇年前には、まだ一四歳でした。ですから、私はいま六四歳なのですね。

その五〇年前の一九四九年の九月三〇日、下小路中学校の創立記念、開校記念の催しがありました。私は今、手元にその時のプログラムを持っております。今日、お話しするというので古い昔のものを探してみたら、下小路中学校校舎落成開校記念祝賀演芸会・大運動会プログラムと言うものが出てきました。これがそうなのです。もうこんなふうに破れかけています。保管が悪いから破れかけているのですが、活字でちゃんと印刷したものです。これを見ていますと、つい昨日のことのようです。

九月三〇日の記念式典、それから一〇月一日には演芸会があります。今の言葉で言えば文化祭ですね。それから、一〇月二日には運動会があったのです。演芸会は、昼と夜の二回やっています。このプログラムによりますと、東京から音楽家を呼んできて、ピアノや歌を演奏していただいたり、生徒が合唱とか、ピアノとか、あるいは劇とか、舞踊とか、非常に豊富なプログラムを出しています。

私も実は演劇に出ました。その演劇の題は「郭公」と言うものでした。その思い出話をしたいと思います。この「郭公」と言う劇は、ジャネット・マークスというアメリカの人が作った劇なのですが、それを日本語に訳して、中学生でもできるように脚本として作って下さった方がいるわけです。その脚本に従って劇をやりました。それを指導して下さったのは小山善造先生という、まだ二〇歳の先生でした。

あらすじは、こういうものでした。あるところにおじいさんとおばあさんが住んでいて、おじいさんが死にかけています。で、おじいさんは郭公の鳴き声を開きたい、その鳴き声を聞いてから死にたい、と思っている。そういう願いをおばあさんは何とかしてかなえてやりたい。ところが郭公がなかなか来て鳴いてくれない。そこで、おばあさんは、自分が郭公になって鳴いて、おじいさんを慰めてやりたい、と考えます。そして、窓の外に隠れて、「カッコウ、カッコウ」と鳴き真似をするわけです。それを見ていた隣の人が、「そんな嘘を言って幸せになれるはずがない、嘘で幸せはつくれるものではない。」と言っておばあさんを非難します。で、決着がつかなくて牧師が呼ばれてきます。

その牧師というのが私の役だったのですが、牧師は「確かに嘘をつくことは悪いことだ」と説教するわけですね。しかし、その説教に対して、おばあさんは承知しない。「私はおじいさんを慰めたい。幸せな気持ちであの世に行ってもらいたいと思っている。だまして悪いと言うけれど、だまして幸せにしてやれるものなら、私は喜んでだまして幸せにしたい」「神様がそれをいけないことだと言うなら、私は神様に罰せられても良い」と、泣きながら牧師さんに言うわけですね。そうしますと牧師さんは、「なるほど」と思うわけです。そして、「それでは嘘をついてよい」と許すのです。で、おばあさんは喜び勇んで、また、「カッコウ、カッコウ」と鳴き真似をし、それを聞きながらおじいさんは安らかに死んでいく。そういう劇だったのです。

この劇は、「嘘をついてはいけない」というモラルと「人間を幸せにする」という愛情との対立、葛藤について、考えさせるような中身の劇でした。私自身も、その牧師の役をやりながら、いろんなことを考えたものです。

実は、ここに私が中学校時代につけた日記があるのですが、一〇月一日にこう書いています。「校舎落成記念演芸会が行われた。劇『郭公』をやった。午前はなんだか調子も出ず、声も通らなかった」。そして、「牧師の役は実に難しかった。神と言うことを私たちに多く考えさせるこの劇での牧師の役は大変難しかった。そう上手でなかった僕たちの劇を見て泣いた人があったという。それだけあの劇は人の心に強く訴える何ものかがあったのだと思う。婆さんは、大事な夫のためには、日頃信心している神の教えを破って、幸福に死なせてやる。婆さんには、神よりも夫の方が、人間が大事だったのだ。婆さんはふみきったのだ。」「私の大事な人が死にかけているときに、だまして幸せになれるものなら私はいつでもだましてやりますよ。喜んで罪人になりますとも。」そう書いて、最後にこういうふうに結んでいます。「僕がもし、女性だったら、あの婆さんのような役をやりたいと思う。」

また一〇月五日には、運動会についてこう書いてあります。「朝雨降り。開催が危ぶまれたが一〇時頃から、祝福してくれるかのようにからりと晴れた。」ですから、今日のようなよい天気だったようです。一〇月一日、二日の運動会は本当に楽しい運動会でした。

新しい憲法、新しい中学

このように九月三〇日、一〇月一日、二日のことが五〇年経った今でも鮮やかに目に浮かぶのは、それまで私たちは自分たちの校舎を持っていなかったからです。これは下小路中学校だけでなくて、全国至る所の中学校がそういうスタートをしたのです。今はもう五〇年以上も経って当たり前になっているこの中学校という制度、つまり小学校を卒業したら義務教育として必ず中学校に入るというこの制度は、戦前にはなかった新しい制度でしたから、中学校の校舎はまだ建っていなかったのですね。そこで下小路中学校の場合には市立の女子高校の四つの教室を間借りをして、スタートしたのです。

その他に、桜城小学校にやはり間借りをしてスタートした桜城中学校と言うものがありました。また杜陵小学校に間借りをしてスタートした水明中学校という大変すばらしい名前の中学校がありました。みんな自分の校舎を持っていなくて間借りをして、スタートした下小路中学校と水明中学校と桜城中学校、この三つの学校が統合されて一緒になって再スタートしたのが、新しい下小路中学校です。昭和二四年（一九四九年）のことです。でも、統合してもはじめのうちは校舎がなかったのですが、九月になって、正確にいえば八月の末ですけれども、ようやく新しい木造校舎ができました。その木造校舎に三つの学校が集まってきたのです。ですから皆さんの歌う校歌の中に「一つに集う三つ石の」と言う言葉がありますね。これは学校の近くにある三つ石神社の三つ石という意味だけでなく、三つの学校が一緒になって下小路中学校ができたのだという、そういう由来も表しているのです。

九月になって新しい校舎ができて、私たちは本当に大喜びでした。当時私たちは各学級で新聞を作っておりました。今思えばガリ版刷りの汚い新聞なのですが、その中に、「新校舎完成間近に迫る」というのを見つけました。

ちょっと紹介してみますと、「一日千秋の思いで待ちわびた校舎が完成間近となった。材木も片付けられ広々とした廊下、夏の日差しの差し込む午後の教室は隅々まで明るい。大工さんに聞いてみると、三一日落成の予定という」。これは、八月三一日ということです。「私たちが夏休みを終えて学校に来る頃には巨大な姿を現しているということになる。いくたびかつらい思いをしながら、新校舎が建ったらと、我慢してきた私たちであった。そして、誰よりも早く完成することを願った私たちであった。それだけに今校舎完成を控え、感慨無量である……」。そして最後に「秋は勉強の時期だ。頑張ろう」と書いています。

そんなふうな新聞が出るほどに、私たちは校舎完成を待ちわびたのです。そういう気持ちがあったものですから、五〇年経った今でも、その校舎に移ったときの感激、それをお祝いしたときの感激を鮮明に覚えているのだと思います。何しろ運動会をやるのにも校庭にはまだいっぱい石ころがあったものですから、毎日石ころ拾いをやって、校庭のグランドを整備して、そうして運動会をやったのです。

そのころのことを思い出せば、まだまだいっぱいお話ししたいことがあります。三つの学校が集まってスタートするその前の時代、一年前には、本当に何もなかった。学校にあったのはドッヂボールたった一つです。ですから私たちが中学校に入学して来てみますと、確かに教室はあります。机と椅子もあります。だけれどもチョークがなかったのですね。チョークを買うお金がなかった。そこで気の毒だと思った父兄の方々が、入学式が終わったとき、その場でお金を出し合って下さり、先生方も自分のポケットマネーを出して、ようやくチョークを買うことができたのでした。

それほどに当時の日本は貧しかったし、物のない時代でした。しかし、私たちはそういう中でも、父兄やおかあさん方、先生方の必死の努力で、とにかく中学校での勉強をスタートできた。今思っても、本当にありがたいなあと思います。

そんなわけで、話したいことは沢山あるのですが、時間も限られていますし、五〇年前の昔話をあまり聞いても、皆さんも飽きるでしょうから、もう少し話を前に進めていくことにします。

その当時、下小路中学校の先生として活躍された先生に、君成田七三先生と言う方がおられます。この方は、私の担任の先生でもありました。この先生は、下小路中学校ＰＴＡの当時の新聞の第一号（昭和二五年七月二〇日号）に「新しい中学校の設計」と言う文章を書いておられます。その出だしは、次の通りです。

「敗戦日本は多くのものを失ったが、しかし、二つの大きなものを得た。一つは新しい憲法であり、もう一つは新制中学校である」。私は最近これを見つけ、改めて読んでみて、すばらしいなあと感心しました。確かにそうなのです。先ほども言いましたように、新しい中学校というものは、戦後、つまり戦争が負けてから作られたもので、新しい憲法と同時にスタートしたのです。その意味で、新しい憲法と新しい中学校とは、切り離すことのできないものなのですね。そういう歴史的な事実を、君成田先生は当時の短い文章の中で書いておられます。

さっきも言ったように、当時の中学校には、確かに物はなかった。しかし、理想に溢れ、意気込みは大変強かった。どういう意気込みであったのか。これは歴史的事実として皆さんにお話しておきますが、その意気込みというのは何と言っても、「平和」です。日本は戦争で負けた。そして多くの命を失うと同時に、多くの被害をアジアや世界に及ぼした。「戦争は二度とするまい」。これが憲法の基本であり、当時日本の社会では、「平和」ということがとても大事なことだと考えられ、中学校に溢れた意気込みも「平和」だったのです。

それから「文化」ということでした。「文化国家を作ろう」「文化を大切にしよう」。つまり平和であるためには、文化というものを大切にしなければならない。文化というものは、学問や芸術やスポーツなど、広い分野に及ぶのですが、人と人とが暴力でいがみ合うのではなくて、高い精神的なものを求めて結びつく、それを文化と呼ぶならば、平和であるためには、文化を大切にしなければならない。そして文化を大切にするということは、人間を大切にするということなのですね。皆さんも自分という人間を、勉強によって一生懸命鍛えたり、スポーツで鍛えたり、芸術で鍛えたりしようと、頑張っているわけですが、「文化を大切にする」ということは「人間を大切にする」ということなのです。

そして、「人間を大切にする」ということは、一人ではできません。一人の力というのはとても限られています。例えばクラブ活動によってお互いを磨き合いながら、高いものに到達し、自分の価値と周りの人の価値が分かっていくんですね。ですから、平和と文化を大切にしなければならない。人間同士が手を結ばなければならない。それを連帯という言葉で表現するなら連帯が大切であります。

そういうことが、中学校に溢れていた意気込みであり、教育の基本にあったと思う。そういうわけで、先生方も高い理想を持って私たちを教育して下さったと思います。

国民学校、そして戦争

私は、昭和一〇年（一九三五年）に生まれています。太平洋戦争が始まったのが昭和一六年（一九四一年）です。私が小学校に入ったのは昭和一七年です。小学校は、当時は国民学校といい、軍人を作るための教育をしていました。軍人になってお国のために戦うことが人間にとって一番尊いことであり、軍人になって死ぬことが一番名誉なことだと小学生を教育しました。私たちは、小学校一年生の時からそういう教育を受けました。今さっき迄、私のそばに座っていた下田啓太郎さんは小学校のとき同級生だったのですが、下田さんも同じです。毎日毎日そういう教育を三年間されました。そして、四年生の夏になって日本は戦争に負けたのです。でも、三年間以上、朝から晩まで戦争というものと向き合って私たちは暮らしてきました。

しかし、戦争というものは、私たちにとって実際には決して美しいものでもなければ、すばらしいものでもない。むしろ逆にみじめで苦しいものでした。具体的に言えば、例えばお父さんが戦争に行って、戦死をしてしまう。そういう同級生がたくさんいました。実は下田さんのお父さんも戦争で亡くなっています。その意味では、下田さんにとって戦争というものは決して楽しいものではなかったはずです。私の父も赤紙が来て、戦争に駆り出されましたが、病気になって敗戦の四カ月前、命からがら帰ってきました。ある同級生は東京に住んでいましたが、アメリカの飛行機が飛んできて、爆弾を落とし、東京を焼野原にしたとき、家が焼かれ着のみ着のままで逃げまどい、四谷の濠に飛び込んでようやく助かりました。田舎の方に避難してきた人も沢山いました。難民のようなものです。当時はそれを疎開といいましたが、盛岡にも疎開してきた人が大勢いました。ですから同級生にも疎開ッ子がたくさんいました。

それから外地、正確に言えば植民地ですが、満州とか中国に日本人がたくさん行って働いていました。満州や中国を日本は武力で支配していたのです。その満州や中国で働いていた人たちが、戦争が激しくなって、敗戦になりますと、日本に帰ってきました。そういう人たちを私たちは引揚者と呼んでいました。その引揚者の子供たちがたくさん私たちの身の周りにはいたのです。

それから、東京には、戦争で親をなくした浮浪児と言われる人たちがたくさんいました。お父さんもおかあさんも戦争で死んでしまって、たった一人で生きていかなければならない子供たちが山ほどいたのです。

そういう子供たちは、どうやって戦後を生きてきたのか。そういう人たちは自分の歴史をあまり語ろうとしませんね。あまり思い出したくないからでしょう。

そんなわけで、戦争と言われるものの実態は、決して美しいものでもなければ何でもなくて、大変に悲しい話、苦しい話、辛い話で満ち溢れています。

私は中学一年生の時、弁論大会に出ました。その題は、「鐘の鳴る丘を見て」という題でした。

その時の原稿が、今度出てきました。ここにあります。当時、「鐘の鳴る丘」という映画がありました。この映画を見た感想を弁論大会で述べたわけです。出だしがこういうふうになっています。

「先頃、私たちは映画『鐘の鳴る丘』を見て、胸がいっぱいになって帰りました。町をうろつくかわいそうな浮浪児たちの群れ、この浮浪児たちが、今の日本にたくさんいることを私たちは知っています。そしてかわいそうな人たちだと思っています。しかし、私たちはただかわいそうだと思うだけで良いのでしょうか。こうした人たちがなぜいるのか。この気の毒な人たちをどうしたら救うことができるのか。また、この世の中からなくすことができるのか、ということを考えてみなければならないと思います」。そして、一番最後にこういうふうに言っています。

「つまり、言いたかったことは、戦争してはいけないということなのです。戦争しないためには日本はもっと民主的なものにならなければならない。つまり、みんなが政治に参加するという、そういう仕組みをもっと強めなければならない。」「私たちは、まだ少年少女です。しかし、やがて大人となったときに、世の中のために尽くせる人になるため、いつも美しい理想を胸に描き、いつも正しいことは勇気を持ってやり抜く、そういう心構えをもって、新しい日本建設のために一生懸命努力していこうではありませんか。」

「鐘の鳴る丘」という映画は浮浪児問題の映画でした。「本当に戦争とはむごいものだ」ということが私の当時からの実感でした。前にも言ったように、私自身も、父が出征し戦争に行ったのです。幸いにして、父は帰ってきました。そのお陰で私はその後、中学校、高等学校、大学に入って勉強することができました。今六四歳になってみて、父が帰ってきて本当に良かったと思い、帰って来てくれた父に感謝しています。下田さんのように、お父さんを亡くした人は苦労が多かったと思います。私はその分だけ父におんぶしてきたわけですから、父には感謝しなければいけないと思う。それにしても、もし戦争というものがなければしなくて済んだ苦労を、たくさんの子供たちが背負ったということは本当に悲しいことだと思う。

私は、ときどきそんなことを考えながら、中学校生活を送りました。当時の生活は、先ほどからも言っているように、物はなく、生活も豊かではなかった。今ですと、皆さんはほとんどが高等学校に進学するわけですが、当時は中学校を卒業してすぐに、働きに出た人が半分ぐらいいたのです。それほどに社会にはゆとりがなく、生活が厳しかったのです。

思い出すこと

しかし、そういう中でも、私たちは非常に楽しい学校生活を送ることができました。その楽しさは、五〇年たっても、下小路中学校を卒業したほとんど全員の胸に、生き生きと思い出として残っていると思います。そういう抽象的なこと言ってもはじまりませんので、ここに二冊の雑誌を持って来ました。一つは生徒会誌創刊号というものです。今の生徒会誌『連峰』の第一号にあたります。真っ黒な字の表紙です。第二号からは『連峰』というふうに名前が付き、表紙に色も付きました。この二冊を私は今も大切に持っております。

先ほど校長先生は、ご挨拶のなかで及川和夫先生の文章を読んで下さいましたが、及川先生は生徒会を作るのに指導的な役割を果たして下さいました。この先生の文章も載っておりますし、それから、今と同じように、生徒たちのサークル活動、クラブ活動の記録も載っています。それを読むと思い出が蘇るのですが、下小路中学校は、創立当時から野球が非常に強かった。また、次の年にはバレーボールが市内で優勝しました。

とにかく歴史を作っていこうという気持ちで、楽しく頑張りました。

もう一つ当時の思い出として、五日制というのがありました。五日間だけ、つまり月、火、水、木、金だけ授業があり、土・日は休みという制度です。これは先生方も勉強しなくてはいけない、生徒も家でちゃんと勉強する習慣をつけよう、というような趣旨でスタートしたものです。しかし、五日制にはいろんな難しい問題がありました。たしかに先生方は勉強する時間ができたと思いますけれども、生徒の方は家でちゃんと勉強するかというと必ずしもそうではないですよね。そういうわけで、五日制はすぐに廃止されたと記憶しております。

もう一つ思い出を紹介しておきたいと思いますが、バザーのことです。運動会とか文化祭とかのときに、ＰＴＡのお母さんたちがお店を開き、お団子とかラーメンとかを売って、ごちそうしてくれたのですが、ここで、当時の値段をちょっと紹介しておきます。これは昭和二五年（一九五〇年）の運動会のときのものです。

「団子一〇円、大福餅一〇円、ラムネ一〇円、お汁粉二〇円、支那そば三五円」

五〇年間で何が変わったのか

さて、それから五〇年たちました。そして今、皆さんに会っているわけです。五〇年間というのは非常に長いようにも思えますが、過ぎ去ってしまえば、あっという間です。しかし、よく考えてみると、五〇年という歳月は一人一人の個人にとっても非常に重みのある歳月でした。しかも日本の社会を変え、世界も変えました。

それではこの五〇年の間に、一体何が変わったのだろうか。お父さんお母さんにもぜひ聞いてみて下さい。一体何が変わったと思うか。日本は変わったと誰もが言うけれど、どこがどういうふうに変わったと見るか。これは、その人その人によって答が違うと思います。ましていわんや、変わって良かったのか、というふうに聞くと、答はいろいろでしょうね。昔より良くなったと言う人もいるでしょうが、いや昔の方が良かったと言う人もいるでしょう。

私にとってもとても難しい問題で、すぐには答が出てきません。出てきませんけれども、こういうことは言えると思います。少なくともこの五〇年間、日本は他の国と戦争をしなかった。他の国に兵隊を出し、人を殺さなかった、ということです。日本の軍隊は、太平洋戦争のときにはアジアで二百万人ぐらい殺した、と言われています。しかし、戦後五〇年間、日本は、一人の外国人も戦争で殺していないわけですね。これはすばらしい誇るべき良いことではないだろうか、と私は考えます。

それから、一人一人の人間が大切にされるようになりました。例えば戦前には、国のためには命を捨てなさい、という教育がなされました。私たちが小学校に入ったときは、そういうふうに教えられた。国のために死ぬのが一番立派なことだと教育されたわけです。しかし、今は、こういうことを教える先生はいないし、教科書にもそういうことは書いていない。自分を伸ばしていく。自分の価値を高めていく。他の人の生き方も尊重する。それが一番大切なことだと私たちは戦後教えられましたし、皆さんもそう教わっていると思います。国は、そういう一人一人の営みをサポートする、援助する、支える、助ける、そうすべきであって、国のために死になさいと要求する権利は国にはない、と教えられていると思います。私もそう思います。

こういう点をとって考えてみますと、戦後の日本は、戦前に比べ、立派な社会を築いてきたと私は思います。これはひとりでにできたことではありません。戦争をするのも大変なことですが、平和を守る、戦争をしないのも大変な努力のいることなのですね。戦後五〇年間、私の考えるところでは、私たちのお父さんやお母さん、先生方、そしてその教育を受けた私たちは、日本が二度と再び他の国の人たちを殺すような、そういう国家、社会、人間のあり方を作り上げてはならないという思いで一所懸命努力してきた。そういう努力が五〇年間も続き、立派に実りを生んできたのです。

皆さんは、今こうやって下小路中学校の創立五〇周年を祝い、これからも歴史を作ろうとしています。それは、皆さんが生きていればこそできるわけです。それは、平和だからこそできるわけです。ですから、そういう意味で、この五〇年間日本の社会は変わった。その変わり方については いろいろな見方、考え方があり、たしかにプラス面とマイナス面とがありますけれども、最大のプラスは平和な国を作ってきた、平和な社会を作ってきたということだと私は思います。

しかし、今、日本の社会は、いろんな難しい問題を抱えています。皆さんも毎日の新聞を見ればそのことはわかると思う。確かに物はたくさんあり、豊かになった。しかし、その反面において、自然環境が悪くなってきている。また社会環境の面でも、家庭における人間関係、学校における人間関係、地域における人間関係、国際関係などの面で難しい問題がたくさん出ていますね。戦後、日本の社会は、平和な国を作ってきたという点においては、世界にも歴史にも誇ることができると思いますが、しかし、その一方でいろんな問題を解決できないでいるということも事実です。

そういうような現在の中で、さて、皆さんはこれからどのように勉強し、大人になり、新しい歴史をどう築いていくのか。これは、私が答を出すことはできない。皆さんが考えて答えを出すべきことです。

私たちは、今まで、戦後五〇年間一所懸命働いてきました。良い社会を作ろうと思って頑張ってきました。その志、その理想は、達成できたものもあれば、達成できなかったものもあります。しかし、先ほどから言っているように、少なくとも皆さんがこれからも歴史を作っていける平和な社会を作り上げたという点においては、立派な成果を上げてきたと思います。何度も言うようですが、皆さんが、これから歴史を作っていこうとするそういう環境、そういう立場にたっているのは、これは戦後の平和な社会の成果、平和な社会が生み出したもの、平和な社会が皆さんにおくった贈り物であります。皆さんは、このことを幸福なこととしてちゃんと胸に受けとめて、これからの人生を送っていただきたいと思います。

なぜ、私がそういうふうにくり返し言うかといいますと、私たちの先輩は、戦争でたくさん死んでしまいました。その先輩たちは、新しい歴史を作ろうとしても、その仕事に参加できなかった。それに比べれば、皆さんがこれからいろんな夢を持って、歴史の新しい一ページを築いていける立派な体と心を持っているということは、これは本当に幸せなことだというべきだからです。

実は私たちも、先生方や父や母から、同じ贈り物を贈ってもらいました。戦後五〇年間生きてくることができたのも、そのおかげです。そして今、私たちは、皆さんに同じような贈り物を贈ることができるということは、大変うれしい。皆さんに是非わかっていただきたいと思います。

平和と連帯と歴史と——そしてカザルスの生き方

ずいぶん長くなってきましたが、最後にまとめをしてみたいと思います。皆さんに、私がお話ししたいと思ったことは、三つの言葉にまとめることができるでしょう。それは、平和の尊さであり、もう一つは、手を結ぶということ、連帯の大切さです。そして、最後は、歴史を作るということです。平和であるためには連帯しなければなりません。一人の力では何もできないのです。

手を結ばなければなりません。そして、連帯しながら歴史を作っていきましょう。皆さんは、歴史によって生まれてきた子供たちです。歴史が皆さんを生んだのです。そして、皆さんは、これから歴史を作っていかなければならない立場に立っているのです。

どういう歴史を作っていくかは、皆さん自身が死にものぐるいで考える必要があると思います。そして、平和と連帯、そういうものを大切にする思想を、ことばや文字を、行動を、歴史に刻み込んでいって戴きたいと心から希望します。

また、音楽の話に戻りますけれども、私は、いろいろな演奏家の演奏を聞くことがあります。クラシックが主ですけれども。その中にカザルスという人がいます。カザルスという人は、チェロの名手として有名だった人です。有名だったというのは、今は、もう亡くなったからです。カザルスというチェロの名手は、一八七六年に生まれています。ですから、今から、一二〇年前に生まれているわけです。そしてカザルスは九七歳で亡くなっています。ですからずいぶん長い間活躍した名手なのですね。

この人は世界中の人々に非常に感動を与えた音楽家です。なぜ感動を与えたかといいますと、もちろん彼がチェロの名人だからです。カザルスの前にカザルスなく、カザルスの後にカザルスなし、つまり、カザルスに勝る人はカザルスの前にはいなかったし、その後に出ることもない、と言われるほどの名人でした。しかし、彼は世界中の人々から尊敬されたのはそれだけでなく、人間としても尊敬されたのです。では、カザルスはどういう経歴をたどった人かといいますと、小さい頃からチェロの名人で、二〇歳にはもう世界の第一人者と言われるようになりました。そして、世界各国で活躍しました。

ところが、一九三六年、というわけですから、今から、もう六三年前になります。ちょうど私が生まれた頃です。カザルスの生まれたスペインでは大きな事件が起きました。それまでスペインは民主主義の国でした。ところがフランコという独裁者が政治権力を握って、独裁政治をしいたのです。カザルスは、フランコのやり方に抗議して、スペインを去り、亡命します。ファシズムを許さない、ということでした。ファシズムとは、独裁のことです。

そして、彼は、一九四五年、日本ではちょうど戦争が終わった年ですが、「スペインに自由と人民の意志を尊重する政府が戻らない限りは、チェロの公開演奏を拒否する」ということを世界に発表しました。カザルスは、チェロの名人ですから、世界中の多くの人がその演奏を聴きたいと待ちこがれているわけです。しかし、カザルスは、スペインに独裁政治がしかれている限り、自分はその独裁政治に抗議し、演奏会を行わない、と宣言したのです。そして、一九四五年から、彼は、チェロの演奏会を開くことをしませんでした。

もちろん、彼は、音楽家としての活動をやめたわけではありません。多くの弟子を育て、管弦楽を指揮したり、作曲をしたり、いろんな形で音楽家としての活動は続けるのですが、しかし、チェリストとして公開演奏をすることは、ついに拒否したままでした。

しかし彼は、一九五八年と一九七一年の二度、国連でチェロを弾きます。国連というのは国際連合ですね。その本部はニューヨークにありますが、その本部で公開演奏したのです。一九五八年には国連一三周年記念祝典を記念して、また一九七一年には国連平和デーを記念して、演奏したのでした。一九七一年のときにはカザルスはもう九五歳でした。そのときに彼が弾いた曲は、「鳥の歌」でした。私は、ここに井上頼豊というチェリストが書いた『回想のカザルス』という本を持ってきましたが、そのときの情景がこういうふうに書かれています。

カザルスが作曲した国際連合への賛歌、これをカザルスは指揮しました。そして指揮台を降りたカザルスは、静かに客席に話しかけます。「私はもう十四年もチェロの公開演奏をしていませんが、今日は弾きたくなりました」。運ばれてきた愛用のチェロを手に取って、彼はこういいました。「これから短いカタルーニャの民謡《鳥の歌》を弾きます。私の故郷のカタルーニャでは、鳥たちはピース、ピース、ピースと鳴きながら飛んでいるのです」。そして、彼はチェロを手にとって演奏したのです。とても良い曲ですので、皆さんもいつかぜひ聴いて下さい。

スペインのカタルーニャ地方の鳥は、ピース、ピース、ピースと鳴いている。平和とファシズムとは、結びつきません。ですから、ピース、ピースと鳴く鳥の歌に託しながら、カザルスが世界に訴えようとしたのは、「みんなの力で平和を守っていこう、そのためにはファシズムを許してはならない」という訴えであり、祈りだったと思います。

誇りをもって堂々と

私が皆さんに是非伝えたいと思うのは、カザルスが音楽家、チェリストであるのに、ファシズムに反対して、非常に大きな犠牲を払い、公開演奏を拒否したのは何故か、「なぜそういう行為をせざるを得ないのか」という疑問について、次のような言葉を残していることです。ちょっと難しいかもしれませんがよく聞いてください。

「人間性の尊厳に対する侮辱は、私への侮辱だ。不正に抗議することは良心の問題なのだ。……私はつねに、不正の犠牲者と迫害されるものの味方だ。」「芸術家であることで、人間としての義務を免除されるだろうか。芸術家にこそ、特別な責任がある。なぜなら、芸術家には特別の感受性と知覚力を与えられており、ほかの人の声が無視されるときでも、芸術家の声ならば聞かれるかもしれないからだ。芸術家ほど、自由と真理探求の擁護に関心を持つものがほかにあるだろうか？　この二つは創造行為に必要不可欠なのだから。」（井上頼豊『回想のカザルス』新日本新書、八二頁）

カザルスにとっては、チェロは大切です。しかし、人生に対する責任もまた、それに負けず劣らず大切です。この二つのどっちも大切にしなければならない。それが芸術家の生き方なのだ。そのことをカザルスは言いたかったのだと私は思います。

私は芸術家ではないし、平凡な研究者にすぎませんが、気持ちの中では、研究者であることと、人間としてやるべきこととが、できるだけ一致することが望ましいと思っています。凡人ですから、いくらそう考えても、そうできないことが多いのですが、しかし、気持ちとしては、カザルスと同じように、研究者であることと人間であることとの責任を両方とも果たしたいと思う。

皆さんは、これから何になるか、何をするかをいろいろと考えていることでしょうね。音楽の好きな人は芸術家になりたいとか、あるいは、数学の好きな人はコンピュータの仕事をしたいと思っていることでしょう。あるいは、お医者さんになりたいと思っている人もいるかもしれません。先生になりたいと思っている人もいるでしょう。何になろうか。何をしようか。それを考えることは本当に楽しいことです。人生はたった一度しかない。その人生をどう生きるかの選択です。何になるか。何にでもなれる。こんな楽しい選択の時代は二度とないのです。

そういう時代にある皆さんに私が言いたいのは、次のことなのです。何になったとしても、それと同時に、人間として何をなすべきか、という問題は残るということです。このことは、何になるかということと、人間としてどういう生き方を大切にしていくかということとを考えなければならない、というふうに言い換えて良いかもしれません。「何になるか」と同時に、「これから何を基本としながら生きていくか」ということもぜひ考える機会を持って欲しいと思います。

私自身は、振り返ってみますと、この下小路中学校という優れた学校で、三年間、先生からすばらしい教育を受けました。先ほど、校長先生からお話のあった及川和夫先生、それから「郭公」の指導をして下さった小山善造先生、それからまた、敗戦日本にとって新しい憲法と新しい中学校とは大きな贈り物であったというふうにおっしゃった君成田先生、この三人の名前を私は話の中で出しましたけれども、その他にもたくさんのすばらしい先生が、すばらしい教育をして下さいました。その結果として、私は、この五〇年間、今まで何とか生きていくことができたのだと思います。

私にとって、下小路中学校は魂の故郷です。心から感謝したいと思います。

そして、後輩の皆さんも、このすばらしい下小路中学校に縁があって学んだということを大事にして、これからの五〇年間を誇りをもって堂々と生きていただきたい。心からそう希望します。

あの時代、この時代、そして私たちと「希望」

二〇〇四年五月一五日、盛岡市の繋温泉において開かれた「盛岡第一高等学校昭和二九年卒業同期会『白堊にくまれ会』古稀の祝い大集合」における記念講演。

戦争の時代と私たち

三年一組におりました小田中です。先ほど谷口繁君から私たちが生まれた一九三五年頃というのは古い時代であったのか、というお話があったのですが、とにかく私たちは、七〇年近い年月を生きてきました。その中で私たちが一緒に集ったのは、高校時代のたった三年間なんですね。しかし、この三年間というのが、何年を経ても懐かしさを覚えさせたり、このように集ってお互いの消息を確かめ合うのは一体なぜなんだろうか。それは、一番大切な時代を共有し合った、時代と言うか人生の大切な時期を共有し合った、そして言うに言われない大切ななにかをお互いに与えたり得たりしてきたからだと思う。

私は、そのことを最近、いろんな機会に考えるようになっておりましたが、たまたま今日のような機会がありましたので、私たちとは一体何者だったのだろうか——、まだまだそんなことを考えるのは早いと突っ放さなければいけない歳ではあるんですが、一つの段落として古稀を迎えるにあたってそういうことを皆で考えてみるのもいいのではないか、と思った次第です。

この話をするにあたって、私は「時代」という言葉をキーワードにしながら考えてみたいと思います。先ほど、谷口君から私たちはファシズムの時代に生まれたという話があり、それから高木豊平君からは、我々は純粋民主主義の世代なんだという、大変に的を射た話がありました。いずれにしても私たちは、戦争の時代に生まれたんですね。しかも、国民学校の四年生のときに、敗戦という経験をするわけです。

私たちは、少国民とか軍国少年とか軍国少女とか、そんな風な、今でも記憶に残るような呼び名で呼ばれた世代でありました。言ってみれば、「戦争のカルチャー」というのでしょうか。私たちは直接戦争に参加した訳ではないのですが、生活の面、教育や遊びの面も含めて、いろいろな面で戦争ということと切り離しては考えられないような考え方、気風、スタイル、そういうものをカルチャーとして注ぎ込まれ、お国のために死ぬことは決して怖いことではなく、名誉なことなんだと思い込まされたのでした。私たちが入った小学校は、当時「国民学校」という名前で呼ばれており、スタートして二年目に入っていました。国民学校というものは小学校とは全く違う理念でつくられていて、先ほど言ったような考えや気風を子どもに注ぎ込むことを目的にしていました。将来何になるかと言われれば、私たちは軍人になるとか、飛行機に乗って敵を撃滅するか、そういうことが自然と口をついて出てくるし、そういう答を用意せざるをえない、そんな風な教育を一年生から四年生の前半まで与えられました。

改めて思い出してみましても、奉安殿とか、教育勅語とか、そういったものが、今でもありありと目に浮かびます。紀元節とかの式典のときには、奉安殿から紫色の袱紗《ふくさ》がかかった教育勅語がしずしずと運ばれてきて、それを校長先生が開いて読むという情景などを含めて、当時のあの印象は今でも深く残っています。教育勅語を暗唱させられたりしたというのも、思い出すことの一つです。

私は、今月の憲法記念日（二〇〇四年五月三日）に郡山の市民の方々に呼ばれて、憲法の話をせよと言われ、自分の体験も織り交ぜて憲法の話をしました。すると、ある年配の方が一番前に座っておられ、講演が終わってから私のところに来て、実は自分はかつて教師として「青少年学徒に賜りたる勅語」を生徒に教えたが、戦後、何十年かたってからクラス会があって、生徒の一人が「私は先生から教えられた」と言って、その勅語を朗々と暗唱した、その時、自分は本当に恥ずかしい重大な教育をしたんだなあと思った、というようなことをしみじみと話してくれました。そういうことも含め、私たちは、いろんな形で軍国主義の教育を真正面から受けたのであります。

また、生活の面でも、多くの人が、父親の出征を見送りました。送るときには、千人針を縫ったり日の丸の旗を振ったりしました。そして父親の悲しい戦死に直面した人もいます。また東京で戦災にあったり、疎開してきたり、あるいは外地から引き揚げてきたり、自分たちが直接に竹槍を持って戦ったわけではありませんが、戦争生活というか、そういうものに大なり小なり深く関わりを持たざるをえなかったわけです。

実は私自身も、父が出征しました。中国で病気になって帰ってきたので、父の戦死という経験はしなくて済んだのですけれど、もしも父が戦死していたら、少なくとも今日の自分というかたちはなかったろう、全く別の自分であったろうと思います。そういうことも含めて、私たちは、いろんな多様な体験や影響を戦争から受けているわけです。

教科書墨塗り、そして「逆コース」の時代と私たち

敗戦ということになって、私たちが真っ先にやらされたことは、墨塗りでした。国民学校の教科書に墨を塗った。今ですと、マジックでスッと消せるんですが、墨というものしかなかったので、墨をすって、定規を当ててきちんと四角に枠を取ってからきれいに丹念に先生に言われた通り墨を塗っていく。一ページがほとんど黒くなった。所々二つか三つぐらいは言葉が残るんですけれども……。そういう体験をしたのです。

教科書墨塗りとともに記憶に残るのは、何と言っても歴史の教科書が変わったことです。「カミヨカミヨ」(神代々々)の天照大神《あまてらすおおみかみ》の話から始まっていた歴史(当時は「国史」といっていました)が、いきなり石器の話から始まることになった訳です。これは、ある意味では大きなカルチャーショックでした。人間というのは、こういう歴史を経たのかと、小学校四、五年の頃、本

当に目から鱗が落ちる思いでした。

ところが、そういう動きも、四、五年でちょっと歩調が止まり、朝鮮戦争が始まりました。というよりは、朝鮮戦争にともなって日本の歩みが止まってしまい、それまで社会にみなぎっていた明るい希望というものが消えて、また元に戻るんじゃないかという空気になり、私たちもいろんな形で影響を受けていくことになりました。私たちが、昭和二六年（一九五一年）に盛岡第一高等学校という学校に入ったのは、明るい希望が失せ、戦後の歩みがちょっと止まり、逆戻りし始めるんじゃないかという危機感がかなり広く持たれた、そういう「逆コース」の時代でした。そういう時代に、私たちは、盛岡第一高等学校という伝統のある高等学校、盛岡中学校の後身である高等学校に入ったのです。

この盛岡第一高等学校というものが一体どういう高等学校だったのか。みなさんはいろんな風にお考えでしょうし、私もいろんな風に考えますが、あの頃の盛岡一高というのは、盛岡中学校の伝統を非常に重く持っていました。しかし、他方において、私たちは、戦後に新制中学で身につけた新しい教育、いわば戦後民主教育の授けたカルチャーを身につけており、伝統とのギャップを感じながら、しかし何とか自分たちの居場所を見つけようというか、そういうことにもがいた、という感じがします。

忘れもしませんが、一年生の時に、当時の校長先生に対する排斥運動があって、私たちも巻き込まれていく。あるいは応援歌練習の問題とか、あるいは校歌改正の問題があったりと、いろんなことがありました。これらの問題について、私たちの学年の中にも、いろんな考えがあって、ぶつかり合ったことは事実であります。私は、新制中学で教えられた、憲法とかあるいは平和といった新しい考えを生かして行きたいという立場に立って、伝統的な考え方ややり方にはむしろ反撥し反抗する、そういうスタンスを持っていました。しかし、そういう立場とは違って、伝統の中に良さを見出して、そういう方向で高校生活を充実させようという動きもありました。ですから、私たちの間にはその点で目に見えない思想上の激突、衝突があったと私は感じます。

例えば、皆さんのお手元に配った『一高新聞』、これは当時新聞部の人たちが苦労して作った新聞です。その記事の中に「再軍備に対する世論調査」というものがあります。これは一年生のときに、盛岡一高だけではなく盛岡市内のさまざまな高校の新聞部が合同して調査したものなんですが、これによると再軍備について賛否両論が伯仲していることが見られます。また、校歌改正案が激論の末、否決されたという記事も載っています。私は、軍艦マーチのメロディの校歌を改正すべしという旗を振った方ですので、これは忘れがたい体験なんですが、皆さんの中には存続すべしとしてずいぶん頑張った人も多い。

「平和のカルチャー」の世代としての私たち

こういう動きは、実は、盛岡一高だけじゃなく全国のいろんな高校で展開されていたんですね。脱皮の歴史なのです。戦前から戦後にかけて、まず小学校、中学校が変わって、高等学校が変わるのが一番最後だったようですが、その過程で、それまでの伝統というもの、伝統という名のもとに存続が図られた戦前的な教育的な環境やカルチャー、これと新しいものとのぶつかり合いがいたるところにくり広げられたのです。

こういう風にもがきながら、私たちは、「戦争のカルチャー」から脱却して戦後の「平和のカルチャー」の方に価値観が傾いていく過渡期に生きたのです。

私は今でも鮮明に覚えているんですが、当時どんな映画に一番感銘したかというと、「また逢う日まで」(一九五〇年、東宝)なんですね。アンケート調査をすると、盛岡一高でもこれがトップだったんです。久我美子と岡田英次の窓越しのキスシーンで非常に有名になった映画で、今井正という監督がお作りになった。反戦を静かに訴えた映画として、当時ベスト・ワンになりました。これは、実はロマン・ローランの『ピエールとリュース』という小説を水木洋子さんが日本流に翻案した脚本をもとにして作った映画です。私がおもしろいと思うのは、私たちの間で再軍備の問題については意見が伯仲するという状態にありながら、「また逢う日まで」が断然トップを占める。そういうことがとても深い記憶として残っています。

あの時代に盛岡一高に集った私たちは、先程も言いましたように、「戦争のカルチャー」から脱し、「平和のカルチャー」と言いますか、平和と文化を重んずる価値観や考え方と言いますか、そういうものを自然に深く植え付けられていったというように思います。これは本当に貴重な経験であります。戦争とは全く対極的な、平和と文化の価値観を若い頃に身につける機会を持ったということは、前の世代の人たち、わだつみの世代の人たち、それから私たちより後の世代の人たちとも違う、非常に大きな体験だったと思います。

　例えば、私たちは、共通して若い頃にロマン・ローランの『ジャン・クリストフ』を読んだり、マルタン・デュ・ガールの『チボー家の人々』を読んだり、カミュに心酔したり、サルトルを読んだり、アラゴンの詩に感銘したり、宮沢賢治や石川啄木に深い共感を覚えたりしたのは、そういう時代的土壌、教育的環境があったればこそのことではなかったか、と私は思います。そして、このようなことは、文学の世界に止まらず、音楽の世界とか絵の世界とかにも言える訳です。

　こういう「平和のカルチャー」の基礎にあったものは一体なんだろうか。人によって見方が違うとは思いますが、私は、人間に対する信頼と愛情だと思います。結局、人間を信じ、人間に愛情を持つカルチャーや価値観を私たちは真正面から授けられ、身につけたんですね。それこそが、私たちが中学生活から高校生活、つまり青春前期に得たもの、授けられたものだと考えるのであります。

　そういう点で、私たちは、非常に幸運な時代を送ったと思います。そうした幸運な時代があったからこそ、今こうやって何十年たっても、当時の気持ちに戻って楽しい時間を持てるんじゃないだろうかと思う。

　私たちは、やがて、盛岡一高を卒業し、大学や社会に散っていき、いろんなことを経験してきました。一人一人語り尽くせないものがある訳ですが、時代という大きな節目でみますと、六〇年安保があったり、高度成長があったり、オイルショックがあったり、バブルがあったり、その崩壊があったりでした。家庭でもいろんなことがありました。

特に九〇年代には、湾岸戦争から始まって、最近ではテロやイラクの問題など、戦争と平和ということに焦点を絞ってみてもそういう大事件があります。経済の面では、リストラとか規制緩和とか、いろんなことがあります。生活の面では、年金の問題なども大変大きな問題になっている訳ですが、いずれにしても、卒業後五〇年間、私たちはその第一線に立って働いてきました。そして「この時代」という今日の時代を迎えているということになるのであります。

この時代、そして「希望」

この時代というのは、一体どういう時代なのか。私たちは、すでに若い人たちに活躍の最前線の場を譲って後方支援のような立場に立っておりますが、そういう立場だからこそ、この時代とは一体どういう時代なのか、あの時代——私たちが生きた戦後の高校時代のあの頃、あの時代と比べて、どこがどう違うのか、その中で私たちはどう生きていったらいいのだろうか、というようなことを考えざるをえない訳であります。後方支援の立場になったからこそ、冷静に考えることができるはずだと思う。

私たちが身につけた「平和のカルチャー」は、今ではかなり古いという感じを若い人たちから持たれています。これは事実であります。若い人たちの行動と私たちのそれとの間には大きなギャップがあり、考え方も違う、ということは日々感じさせられます。私は、大学という場におりますので、若い人たちと日常的に付き合っており、ギャップを感じない訳にいきません。しかし、一体どこがどう違うのか、それがどういう意味を持つのかということになると、いろいろな見方がありうると思います。そこで私の独断的な見方を申し上げてみたいと思います。

たしかに私たちの世代が掴み身につけた文化的なもの、カルチャー的なもの、価値観的なもの、そういうものは、あらゆる分野で批判にさらされ、退場を迫られている。それはその通りなのですが、しかし本当に古くなったのだろうか。私は古くなってはいないと言いたい。

私たちの「平和のカルチャー」は、一見すると古くさいようなものを感じさせるとしても、私たちが掴んだものは、決して古くなってはいないと私は思います。逆に、これからこそ、私たちの掴んだものは、その価値を再発見され、もっと豊富なものとなって花を開いていくのではないか。むしろ、それがこの時代、そしてこれからの時代というものではないだろうか。

国際貢献のあり方一つ取ってみても、平和の問題一つ取って見ても、福祉のあり方一つを取ってみても、私たちがあの時代に受け取り掴んだものは普遍性をもっており、これからもいろんな試行錯誤を経て、むしろ発展していくんじゃないだろうか。

最近、私が特にそう感じるのは、若い人たちがこういう話に積極的に耳を傾けてくれるからです。反応は非常によいのです。

例えば、宮城県の高等学校教職員組合が宮城県の高校生三〇〇〇人ほどに対してアンケート調査して、イラク戦争というものをどう考えるかと聞くと、これは正義とは思えないというような意見が六割くらいになるのです。これは大変すばらしいことであり、私たちが伝えようとすれば「平和のカルチャー」の受け手はある、ということを強く感じさせます。

私たちは、「平和のカルチャー」を身につけた世代として、この文化、この価値観を、自信を持って次の世代に渡していくべきではないだろうか。

これは、結局のところ、若い人を信ずるということなのです。私たちは、戦後の混乱の中でアプレゲールと言われながらも、前の世代の人たちに信じられ育てられたのですから、若い人たちを信じて、私たちの持つ良きものを積極的に渡していく努力をすべきです。

そういうことが「希望」を持つということではないだろうか、と私は考えます。

「希望」を育てる力

東北大学全学教育広報『曙光』一七号（二〇〇四年四月）に掲載。

基礎ゼミの話があったとき、とっさに私は十数年前に法学部（東北大学）で始めた一年生を対象とするプレゼミを思い出した。その第一回目を担当した私は、二十数名の学生ひとりひとりに自由にテーマを設定させ、報告・討論してもらったうえで、約一万五〇〇〇字のレポートを書いてもらった。学生が選んだテーマは、朝日訴訟（生存権問題）とか長沼事件（自衛隊基地問題）をはじめとして、ハードなものが多かった。

学生たちは、卒業のとき、コンパを開き、一〇年経ったらまた会おうと約束し合っていた。その言葉通り、彼らは、一昨年秋、半数近くが仙台に集まり、飲み、語り、歌った。

検事、弁護士、公務員、企業など、彼らの現在は多様だったが、誰もが、入学当初プレゼミで取り組んだテーマを大事にし、それと現在の自分のありようとを重ね合わせ見詰める目を持っていた。

そのときの感動が心の奥底にあったため、私は基礎ゼミの話があったとき、時間的にちょっと辛いなと思ったが、即座に引き受けた。そして一三人の学生に『新現代法学入門』(西谷敏ほか編、法律文化社)を読んでもらい、その中からテーマを自由に選び取って、報告・討論させ、一万字のレポートを出してもらった。

自己責任、消費生活、家族、医療、労働、企業、治安、国家、行政、司法、国際社会、グローバル化など、現代の抱える多様な問題を法的に分析した『入門』を読み、問題点を抽出し、討論のテーマを用意するという作業は、入学早々の彼らにとって決して容易なことではなかったようだ。とくに相互間で批判しつつ討論することは、慣れない難しい作業のようだった。しかし彼らはともかくもやり遂げ、見事なレポートを書いた。

それを読みながら感じたのは、現在の学生は十数年前の学生と比べ、理解力、思考力、表現力などの点では決して劣っていないということだった。このことに私は明るい「希望」を見出し、基礎ゼミを引き受けて良かったと思った。

そして、むしろ問題は、教師や大学が、その「希望」を賢く忍耐づよく育てる意欲と、学生の懸命な思考や知的向上への営みを歴史や現実に繋ぎ合わせ、相互批判を通じて理性的な現実批判力へ高めていく高い教育理念をきちんと持っているかどうかだが、単なる功利主義的な実利重視レベルの「思想」では、学生の理性的、批判的思考を育て高める理念的教育力を持つことはできない、と思った。

憲法擁護の初心を貫く

青年法律家協会弁護士学者合同部会編『「平和と人権の時代」を拓く――青年法律家協会創立五〇周年記念――』（日本評論社、二〇〇四年）の書評。『図書新聞』二六八六号（二〇〇四年七月）に掲載。

いま改憲への政治的動きが一層具体化し、自衛隊の海外派兵や有事立法も着々と実施に移され、自衛隊が多国籍軍に参加する事態が生じている。

一方、ロースクール、裁判員制度、公的弁護制度など、司法改革の目玉がほぼ出揃い、「市民化」「効率化」の名のもとに、司法の独立性の弱体化が進んでいる。

このような状況下で、司法及び法律家は、憲法及び人権を守る力能を弱められる方向に向かっているのではないか。そんな危惧が渦巻く中で、青年法律家協会（青法協）は、創立五〇周年を迎え、その記念に本書『「平和と人権の時代」を拓く』を刊行した。

この団体は、憲法擁護を自覚的に追求する弁護士、裁判官、学者、司法修習生など、約二五〇〇人の会員を持ち、全国各地で多彩な研究・啓蒙の活動を展開してきた法律家団体である。

ところが、この地味な法律家団体は、一九七〇年前後に、政府、最高裁判所、与党、財界、右翼の激しいバッシングにさらされた。

当時、「司法の危機」とか「司法反動」と呼ばれた青法協攻撃は、裁判所にも会員を持つ護憲法律家団体をことさらに危険視し攻撃することにより、司法および法律家を抑え込み、護憲・人権擁護の力を弱めることを狙ったものであった。

それから三十数年経った今日、この護憲の団体に結集する法律家たちは、前述のような憲法および司法をめぐる状況の下で、どのような活動を行い、事態をどう分析し打開しようとしているのだろうか。

本書第一部「現場からのレポート」は、会員が取り組んできた平和、弱者、人権、民主主義を守る活動について、合計三四のレポートを収めている。

これを読んで真先に感じるのは、憲法に立脚して人間を守るということは何と巨大なエネルギーを要することかという、嘆息にも似た気持ちであるが、この仕事に献身的に取り組んでいる良心的な法律家の営みを支えてきたのが、他ならぬ憲法そのものなのである。

私たちの憲法は、歴史的体験を誠実に踏まえ、人間を戦争、圧政、ファシズム、貧困などから守ることを基本理念として掲げ、貫いている。そうであればこそ憲法は、生活と権利を守る人間の闘いの武器となってきた。

そして、この憲法が理念として追求する人間像、社会像、国家像は、その思想的豊穣さと法的論理の一貫性とにおいて際立っている。

そうであればこそ、個々の条文は勿論のこと、場合によってはこれを手掛かりとする形をとりながら、条文の文言を超えて環境破壊、情報公開、プライバシー侵害などの新しい問題についても人権を守る方途を示し、「新しい人権」を生み出す闘いの武器となり、その確立に役立ってきた。そしてその助産婦の役割を果たしてきたのが護憲の法律家たちなのである。

そのプロセスを記したレポートを読むとき、「新しい人権」を規定化するために改憲すべきだとする改憲論が、いかに為にするマヌーバー的な俗論にすぎないかがよくわかる。

第二部の「改憲論を斬る」では、一〇名の憲法学者が各種の改憲論に批判を加えている。例えば、改憲論が「新しい人権」論を改憲の口実に持ち出さざるを得なくなっていることに、彼らの「弱点」を見出す。それだけでなく、「新しい人権」の憲法条文化が、逆にその制約化に繋がる危険を指摘している。また、「国」を守り、「平和」を守り「市民」を守ることが改憲に直結しないことを説く。

さらに「自助自立」論により社会保険の空洞化が生ずる危険や、「首相公選」論及び「憲法裁判所」構想の危険性を説き、最後に「憲法を活かす努力」の重要性を指摘している。

以上のような改憲論批判は、改憲論の危険なイデオロギー的実体を真正面から剔《えぐ》り出しているが、重要なのは、その底に、改憲は阻止しなければならず、阻止できるという確信が潜んでいることである。

私は、この確信は、現実的根拠を持っていると思う。最近の『朝日新聞』(二〇〇四年五月一日)の世論調査によれば、「新しい人権」論に基づく改憲論を除けば、改憲論はせいぜい三割程度にすぎない。そして「新しい人権」論には前述のように「弱点」がある。そうだとすれば、改憲派はむしろ少数派とみてよく、護憲派は多数派だという確信を持つべきなのである。

第三部「司法改革と青法協」においては、一九八〇年代中葉の司法試験改革に始まる今回の司法改革の経過を、丹念に辿っている。その上で、この動きが刑事司法制度の改悪や裁判官制度の中途半端で逆向きの改革へと至っていることに対し、批判のメスを当てている。

実は、今回の司法改革については、法律家の間でも学者の間でも評価が大きく分かれている。その中で、青法協が本書で示しているのは、総体としてかなり厳しい消極的評価であり、改革が司法の憲法・人権保護機能や行政チェック機能の弱体化をもたらすことへの強い危惧感である。

私自身も同様の危惧感を抱いている。その底には、権力側が青法協攻撃の形で司法に介入してきた「司法の危機」の歴史的体験を「忘却すべからざる教訓」とする自覚と、今回の司法改革に盛り込まれている憲法的民主司法解体の危険な毒素についての「リアルな現実認識」とがある。

この点をも含め、青年法律家協会は、本書において、五〇年におよぶ活動の実績を踏まえ、憲法擁護の初心を貫き、「平和と人権の時代」を切り拓く決意を表明することにより、自らの存在意義を明らかにしている。このことに私は感銘し、本書をたのもしい思いで読んだのである。

あとがき

二〇〇四年七月の参議院選挙で、護憲派の政治勢力が数のうえで大きく後退した。これに勢いづいて、改憲派の動きがますます活発化している。彼らは、戦前の痛ましい歴史的体験はもちろんのこと、イラク戦争の悲惨な現実にも目を向けることなく、ひたすらアメリカや財界の戦争欲に迎合し、改憲に狂奔している。その姿をみるとき、果たして平和憲法の未来、人間の未来に希望を抱くことができるだろうか、と暗い気持ちになることがある。

しかし、私たちは、絶望に陥ってはならない。私たちが今手にしている平和憲法は、過去のひとびとが多くの犠牲を払った末に、未来への希望をかけて生み出したものである。この営みを受けつぎ、現在もおおぜいのひとびとが希望を託し、良心と理性をかけて守ろうとしている。そして私たちは、良心と理性をもつ存在であろうとする限り、未来のひとびとの声にも耳を傾けつつ、連帯して平和憲法を守り抜かなければならない。

そういう思いを私は最近特につよくしているが、これは多分に少年期の体験からきているように思う。もっとも私の体験といっても、戦災にあったり、外地から引き揚げてきたり、家族を戦争で失ったりしたひとに比べれば、ささやかなものである。それでも、戦時中には、赤紙がきて出征した三五歳の父を涙をかくして戦地に見送り、また乳幼児だった弟を抱いて留守宅を守った母が父の消息に一喜一憂している姿を姉と共に見詰め、暴力的な軍国主義教育を国民学校で受けた体験、そして一転して敗戦後には、教科書に墨を塗り、『あたらしい憲法のはなし』を学んだ体験は、一〇代初めの少年の心に様々な思いを抱かせるのに十分なものだったのである。(その思いの一端は、五年前に出した随想集『五十年振りの手紙』(現代人文社)の中に収めた「思い出二つ」「初心のようなもの」「五十年振りの手紙」などに記してある)。

その思いを抱き続けてきた私にとって、最近の憲法状況は、とても座視できない気持ちがする。かつてチェリストのカザルスは、ファシズムと独裁に抵抗し、「人間性の尊厳に対する侮辱は、私への侮辱だ。不正に抗議することは良心の問題なのだ」と言ったことがあるという(本書一九〇頁)。これにならっていえば、平和憲法に対する侮辱は人間の尊厳に対する侮辱である、と私は言いたい。

そんな気持ちをこめて、憲法についての私の思いを書物の形にまとめることにした。最近の一〇年の間に市民集会や学会や国会や母校などで述べたものが主な内容だが、いろいろな折に書いた短文も盛り込んだ。

その中には、憲法そのものに関するもののほかに、司法改革について批判したものも入っている。私の見るところでは、今回の司法改革は憲法と人権の砦たるべき司法をいわば「骨抜き」にしようとするものであって、改憲及び有事立法の動きに深く繋がっている。だが、その繋がりは巧妙に隠されていて、一般のひとびとには勿論のこと、研究者やジャーナリストにさえもわかりにくい。もしこの点について、もう少し突っ込んで知りたいと考える方は、拙著『司法改革の思想と論理』（信山社、二〇〇一年）と、拙稿「裁判員制度の批判的考察」（丹宗曉信・小田中聰樹編『構造改革批判と法の視点』花伝社、二〇〇四年）を読んでいただきたいと思う。

この書物に収録したもののほかにも、大館、盛岡、郡山をはじめ、いろいろなところで開かれた憲法集会や学習会で、憲法や有事立法の問題について、さらには司法改革や警察などの問題についても話をする機会があった。これらの数々の集会に集い一緒に考えて下さった市民や学生の方々の溢れんばかりの憲法擁護の熱意に、私の胸は今も熱くなる思いがする。こういう方々がいる限り、憲法が力を失うことは決してないだろう。

もともと私は刑事法の研究者であって、憲法の研究者ではない。その私が、前に述べたような体験や考え方に基づき、憲法に人間の希望を見出し、憲法のこころ、その魂を私流に伝えようとしたのがこの書物なのだが、意あまって力足らず、まとまりの点でも突っ込みの点でも物足りなさを免れない。それでもこの書物が多くの方々の目に触れ、少しでも憲法を擁護する力となるならば、こんなに嬉しいことはない。そして欲をいえば、若い方々にも読んでもらえれば、と思う。

本文でも度々触れているが、最近若い方々が社会的弱者の問題について暖かい目と心をもち、世界各地の戦争や「テロ」や紛争の問題についても、軍事的強者による武力制圧に対し冷静で厳しい批判の目をもっていることを知る機会が多く、たのもしい気持ちがする。だがそれと同時に、こういう目と心をもつ若い方々が、弱肉強食や武力制圧をあおる政治的風潮や改憲の動きの中で、ともすれば「新しい流れ」からとり残されたような孤立感に陥りがちのようだ、と感じることがある。そういう若い方々に、自分は決して「遅れた少数派」ではない、という自信をもって欲しいと思う。

ごく最近の『毎日新聞』(九月八日付)の世論調査でも、改憲論は四六%に止まっている。しかもその中身をよくみると、改憲論のうち集団的自衛権明記論は一九%にすぎない。また、「九条の会」も、全国各地に大きな護憲のうねりを巻き起こしている。

憲法に「希望」を託する私たちの後ろには、現実のこえだけでなく、過去の歴史のこえと、未来のこえもある。私たちは決して少数派ではない。この確信をもちたい。

七月はじめに急に思い立ってこの書物を作ることにした。花伝社の方々がこのような性急な思いつきを真正面から快く受け止めて下さり、労を惜しまずテープを起こすなどし、驚くべき早さで出版に漕ぎつけて下さった。お世話下さった同社の平田勝氏と柴田章氏とに対し、心からお礼申し上げる。

なお、表紙カバーの装幀は、お盆過ぎに台風で倒れた盛岡の家の柿の木（樹齢約二〇〇年）を惜しみ、妻の圭子がろう染めした。

二〇〇四年九月二一日

小田中　聰樹

小田中　聰樹（おだなか・としき）

1935年盛岡生まれ。
1958年東京大学経済学部卒業。1966年司法研修所修了。東京都立大学法学部助教授、東北大学法学部教授を経て、1999年より専修大学法学部教授。東北大学名誉教授。日本民主法律家協会代表理事。憲法改悪阻止宮城県各界連絡会議（宮城憲法会議）代表委員。再審・えん罪事件全国連絡会代表委員。住基ネット差し止め訴訟を支援する会共同代表。中国人戦争被害者の要求を支える宮城の会代表委員。

主な近著
『冤罪はこうして作られる』講談社、1993年。
『人身の自由の存在構造』信山社出版、1999年。
『五十年振りの手紙』現代人文社、1999年。
『構造改革批判と法の視点』（共編著）花伝社、2004年。

希望としての憲法

2004年10月28日　初版第1刷発行

著者 ―― 小田中聰樹
発行者 ― 平田　勝
発行 ―― 花伝社
発売 ―― 共栄書房
〒101-0065　東京都千代田区西神田2-7-6 川合ビル
電話　03-3263-3813
FAX　03-3239-8272
E-mail　kadensha@muf.biglobe.ne.jp
URL　http://www1.biz.biglobe.ne.jp/~kadensha
振替 ―― 00140-6-59661
装幀 ―― 小田中圭子・澤井洋紀
印刷・製本 ― 中央精版印刷株式会社

ISBN4-7634-0430-X　C0032